中国历史上

一个尚未解开的谜

和氏璧解谜

戴铸明 编著

化学工业出版社
·北京·

图书在版编目（CIP）数据

和氏璧解谜 / 戴铸明编著. —北京：化学工业出
版社，2018.8
ISBN 978-7-122-32401-6

Ⅰ. ①和… Ⅱ. ①戴… Ⅲ. ①古玉器-史料-中国
Ⅳ. ①K876.8

中国版本图书馆 CIP 数据核字（2018）第 130940 号

责任编辑：刘亚军　张　赛　杨燕玲　　装帧设计：昆明墨源图文设计有限公司
责任校对：边　涛

出版发行：化学工业出版社（北京市东城区青年湖南街13号　邮政编码100011）
印　　装：天津图文方嘉印刷有限公司
710mm×1000mm　1/16　印张：10¼　字数：200千字　2019年2月北京第1次印刷

购书咨询：010-64518888　　售后服务：010-64518899
网　　址：http://www.cip.com.cn

定价：49.00元

中国玉文化是华夏民族在一万多年的生存和社会实践中，所创造的源于玉石玉器，并通过玉石玉器的特殊属性，寄托和展现中国人思想意识、社会伦理、价值观念和艺术表现的一种特有的文化现象。

广义的中国玉文化，是玉器（神玉、礼玉、民玉）思想——神玉观、礼玉制度、儒家的玉德观及百姓的民俗观，是对玉的审美观、价值观、雕琢艺术和形制应用的提炼与表达。玉文化不仅包括与玉石玉器有关的设计艺术、制作工艺、文字词语等直接内容，而且是具有博大精深内涵的美学、哲学、礼仪、道德、宗教、装饰功能的综合的人文思想艺术体系。

和氏璧，是中国玉文化历史上受到普遍关注的一个亮点和疑点。我认识戴铸明先生，是在 2011 年举办的杭州千岛湖亚洲珠宝高端论坛上。当时他提交的《在探研、扬弃和运用中发展中国玉文化》一文，被列为会议研讨的重要论文进行交流。文中以正确的思维方式、科学简练的方法、严密的逻辑推理、扎实的宝玉石专业功底、丰富的历史文化知识为基础，提出并论证了和氏璧不可能制成传国玉玺的鲜明观点，得到了与会专家、学者和各界人士的认同，给我留下了良好的印象。

近代以来，研究和氏璧的专家、学者及各类有识之士不乏其人，但大多仅关注材质、产地及和氏璧的归落，相关研究成果和探寻结论也各不相同。最近，我看了《和氏璧解谜》的书稿后，进一步为作者研究问题、探寻真知、锲而不舍、求真求实的精神及作为现代专家学者所具有的责任意识所深深触动。我认为，书中的内容及观点，有参考价值，值得人们了解和关注。

和氏璧的材质、产地及和氏璧的归落，在其问世以来的两千七百多年的时间里，一直是一个谜；和氏璧被制成传国玉玺的观点，一直流传至今并为不少人所津津乐道。在《和氏璧解谜》中，作者抓住了玉文化历史中的这一典型案例为切入点，用科学的归纳、推理和论证方法，分析了有关和氏璧、传国玉玺的记载和历史传说，证明了璧不可能改制成玺的道理，意在拨开流传两千多年的历史迷雾，解开历史留给后人的"和氏璧之谜"；作者推断了和氏璧的材质、和氏璧归落的两种可能性，得出了解谜"和氏璧——传国玉玺"这一历史谜案的三条结论，并结合实际提出了五条有意义的建议，这是书中的重点；作者在综合运用中国玉文化、宝玉石学知识，综合考虑民俗民风的沿革，重点分析与和氏璧相关的重大历史事件等因素以解谜和氏璧的过程中，介绍了玉璧的类型、璧的功用和寓意、形制演变、与璧有关联的古代玉器及近代玉器，介绍了中国的礼玉文化；必须一提的还有，作者以批判历史上形成的和氏璧被改为了传国玉玺的错误观点为出发点，通过梳理、归纳作为礼器、传统玉器精髓的玉璧在形制、寓意、功能等方面的变迁，阐述了有意义的观点和思维方式，宣传普及了中国玉文化。

二十多年前，作者由理工专业转入珠宝界从事珠宝玉器的鉴定检验工作，继而进一步关注研究玉文化发展史和玉文化的相关问题。因此，作者研究和氏璧的目的、切入点、关注面、分析问题的思路和方法等，与考古界、文博界及珠宝界等不完全相同。我觉得，作者是以更宽阔的思维，更具逻辑推理的方法来思考、归纳问题并得出结论；作者不但应用专业知识剖析问题、解读历史，而且从对传统社会文化传承、扬弃、优化和发展的广阔角度，观察、解释了玉器所蕴含的博大精深的文化内涵，并深入研究其发展过程、演变形式及其玉文化与其他社会文化的关系。在这一过程中，揭示了历史、现实及未来的一些更深层次的问题——这样的眼光和思维可谓难能可贵。

从《和氏璧解谜》的后记中，我们可以了解到，作者写这样一本书的原因、动力、过程和目的，也可以感受到作者几十年来探索、坚持的不易。我所了解的作者，淡泊、真诚、简单、低调，并不求取个人的名与利——他长期致力于珠宝玉石等产品质量的鉴定检验工作，致力于中国玉文化与现实社会发展相融合的研究，致力于珠宝行业的公益事业，在促进珠宝科技进步、促进市场良性发展、促进珠宝经济繁荣、普及珠宝科技文化知识等方面，扎扎实实地做了许多事，勤勤恳恳地做出了不懈的努力。

研究中国的历史，研究中国玉器的发展史，我们不难发现，玉文化早已深入到社会各阶层的物质和精神生活领域，反映出各个社会时代的风貌。玉文化是我国传统文化的重要组成部分，是中国几千年传统文化中的精粹，也是中国特有的文化之一。《和氏璧解谜》一书的出版，是一件为中华文化、中国玉文化大厦增砖添瓦的好事。阅读之余，乐以为序，愿作者今后为行业做出更多的奉献！

亚洲宝玉石文化研究会会长
中国宝玉石杂志社　原社长
2018 年 8 月 2 日　于深圳

中国玉文化是中国文明史上最久远、最具特色、传播时间最长的文化之一，它映射着古代政治、经济、哲学、美学、宗教和社会关系，凝结着人们对自然、对人生的朴素理解。玉文化不仅是中华文明的见证和结晶，还是中华文明的源流之一。

但是，在中国玉文化历史的长河中，真实与虚假、精华与糟粕并存。一个典型的事例，就是关于和氏璧与传国玉玺之间的记载和传说。和氏璧是中国玉文化中的一个亮点。关于和氏璧的故事在中国家喻户晓，人们赞叹卞和的慧眼和坚贞，赞颂和氏璧的美丽和珍贵。有文献记载，到了秦始皇统一六国后，和氏璧却被改制成了传国玉玺……这样的传说值得质疑！然而，这样的观点经常出现在古代、现代乃至当代的很多书籍和文献中，困惑了世人两千多年。

本书作者关注玉璧四十余年，对玉文化、宝石学、中国社会及传统文化进行了持续不懈的研究。历史上，尤其是近代，对和氏璧进行探索辨析的文章不少，但更多的是从地质学、宝石学的角度，探讨和氏璧是什么玉料、出产在哪里，而作者从玉器、玉文化的发展史，从中国古代社会的政治、经济、文化、外交等方面的发展来论述和氏璧，通过梳理其历史脉络，把八千多年来玉璧的类型、寓意、结构、几何尺寸、纹饰特征、功能和用途、形制演变等，系统地向世人展示，运用宝石学、历史事件和历史发展的眼光来分析判断和氏璧是什么材料？下落何处？——这样的思维、眼光、角度和推理论证方法，显得尤为难得。

虽然璧不能改为玺的道理很简单，但璧被改玺的传说，居然还是谣传了 2000 多年。这样错误的观点，居然还在一些教科书、百科全书等书籍里出现。看了书稿后，不难理解出作者的写作用意：通过对各种玉璧的归纳和总结，用数据和事实证明和氏璧不可能改制成传国玉玺，从而证明流传了 2000 多年的璧改玺论调的荒谬性，进而对传统文化中的谬误进行有意义的揭示，并引导人们探寻事物真相——我想，这才是作者编著这本书的根本目的，亦是该书的主要价值之一。

《和氏璧解谜》是一本难得的好书。作者探索研究问题既有大局意识，又能从细微处着眼。对中国玉文化发展、对璧不能改玺、璧的材质与产地等问题的分析，逻辑性强，论证有深度，论据有力度。是什么？为什么？怎么办？清晰明了，引人思考，具有可信度。作者经过分析后得出的推论、结论和五条建议，是对社会有价值的奉献；体现在书中的客观、科学、探索求真、推理求准的精神，令人欣赏，也使人耳目一新。

近 30 多年来，在中国出现了前所未有的对中国玉器、古玉文化的普遍关注与收藏热。文物是传承历史文化，维系民族精神的载体，是老祖宗留给我们的宝贵的物质遗产和精神财富，是加强社会精神文明建设的深厚滋养。因此，对古玉器等古文物做好研究发掘，取其精华，弃其糟粕，推陈出新，有重要的现实意义。《和氏璧解谜》以新的方法，解读了考古内容。作者肯吃苦、善钻研，坚持独立思考，不人云亦云，对中国玉璧的源流和现状做了梳理，对中国玉文化做了普及，这是一件具有积极意义的事。阅读之余，乐以为序。

希望这本书可以得到人们的关注，也希望作者不断努力，为行业、为社会多做贡献。祝《和氏璧解谜》的出版发行获得成功。

云南省收藏家协会原会长　李德昆

2018 年 5 月 1 日　于昆明

目录

第六章 璧的形制演变 / 38

第七章 玉璧上纹饰的含义 / 88

第八章 和氏璧玉料的材质、产地／97

第一章　中国历史上一个尚未解开的谜

在中国，关于和氏璧及和氏璧变成了传国玉玺的一系列传说，两千多年来盛传不衰。对此传说，怀疑者有之，姑且信之或深信不疑者则更是大有人在，就连不少历史学家、宝石学家、文学家、教育学家等，也认为和氏璧被秦始皇改制成了传国玉玺，甚至在一些书籍中也在宣传这样的观点。例如，在《中华国宝－陕西珍贵文物集成－玉器卷》（陕西人民教育出版社，1999年第1版）中，其作者认为和氏璧被秦始皇改制成了秦玺——传国玉玺；在当前畅销于世的某些书典中，专家们也认为和氏璧被制成了传国玉玺，并按这一观点向人们介绍了关于"和氏璧—传国玉玺—夺玺纷争—玉玺失踪……"这样一段"历史演义"。

可以说，由于历史留下了一个谜，千百年来，对和氏璧的追寻和探索，我们陷入了误区。现在已经到了21世纪，有关对和氏璧的正确认识和探索，已经到了应用科学的求真态度、科学的思维方式和论证推理方法，去拨开历史迷雾的时候了。

经过几十年来对中国玉文化，对中国玉器发展的历史，对珠宝科学、对中国古代社会政治、经济、外交、重大历史事件及人物的综合研究与分析，笔者以为：和氏璧不可能制作成传国玉玺，二者间不可能有直接的联系。只有揭开"和氏璧被秦始皇制成了传国玉玺"这一历史迷雾，抛弃错误的认识和思维方式，人们将来才有一点点希望，寻找到流失已久的和氏璧，我们的子孙后代也才能避免继续接受错误的信息。

　　作为一名产品质量监督检验人员、中国玉文化研究者和珠宝科普工作者，防假、求真、求实是自己应尽的职责。笔者认为，解谜和氏璧，对我们了解中国玉器、玉璧发展的历史，了解玉文化、玉礼器的基本内容，很有必要；解谜和氏璧，对玉文化的研究和珠宝知识的普及，具有现实意义；如果能够正确认识和氏璧这一民族的瑰宝，对中华民族玉文化的继承和发扬也有一定的意义。

　　长空苍苍，山岳茫茫，大自然以它无与伦比的神奇力量，经亿万年的激烈而深沉的运动，孕育了一块外表平常、毫不起眼，而其内部瑰丽斑斓、晶莹润泽的"顽石"。

　　春秋时期，楚国的荆山之下，独具慧眼的卞和（卞和无疑是中国珠宝界鉴玉识宝的第一人），认定了这块石头的内在价值，以自己特有的执着、坚贞和勇敢，以自己的血和泪，终于在公元前689年（楚文王元年），催生并见证了价值连城的宝物——和氏璧，使世人认识到了这块石头的美好素质。

　　战国时期来临（公元前475至公元前221年），这是由分裂、割据逐渐走向集中统一的过渡阶段，这是一个"多事之时""大争之世"。当时，天下群雄争霸，战乱纷起，铁血飞进，战国七雄——齐、楚、燕、韩、赵、魏、秦之间军事、政治及经济的斗争异常激烈，历史在争斗、分裂、重组及吞并中动荡，然后终于走向了统一。在这一期间，和氏璧的经历十分曲折和惊险，见证了许多历史重大事件，由楚国到赵国，尔后，落归秦帝国。

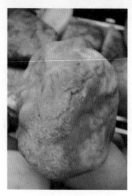

软玉原石

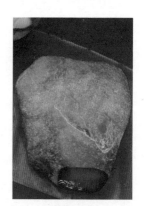

翡翠原石

玛瑙原石

秦统一了六国，战乱的历史短暂地趋于平静。和氏璧是天下奇珍，按理说要珍藏于国库，安然地告别动荡。但是，无尽的争斗和动乱还在后面，故事还远远未完。据说，和氏璧被秦王嬴政格外看中，被改制成了"受命于天，既寿永昌"的镇国玉玺。秦亡汉立之时，高贵无比的秦玺又被刘邦升了级，被尊为"传国玉玺"……千百年来，有多少人围绕着这枚玉玺演绎了多少纷争、奇闻和历史悲欢！然而，人们千百次地思考、质疑：

什么是璧？

和氏璧被改制成传国玉玺了吗？

和氏璧由什么材料制成？

和氏璧如今还在吗？它会在哪里？

岁月悠悠，往事如烟……人类寻找真理的

春秋早期玉璧

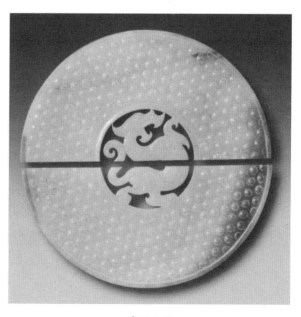

战国玉璧

脚步永远不会停止，随着科学技术的进步和人们在求真求实方面的不懈探索，一些流传千年的历史谜案或历史事件，不少都已经破译。有关和氏璧的真情实况，只有用科学的求真求实态度、科学的思维方式和论证推理方法来对比考证，鉴伪识真，淘沙取金，拂尘现玉——才能拨开那层层的历史迷雾。

楚国春秋

第二章　惊心动魄的记载和扑朔迷离的传说

在中国玉器发展的历史进程中，最惊心动魄和扑朔迷离的一页，莫过于关于和氏璧的记载和传说。

春秋时期的楚国人卞和，为了让世人认识到一块毫不起眼的玉璞的价值，虽然先后被砍去了双脚，堪称千古奇冤，但最终使美玉得见天日……

在秦始皇统一六国之前，和氏璧流离于楚国、赵国和秦国。楚、赵、秦都是春秋和战国时期的强国。和氏璧诞生于楚国，所以有必要多了解一点楚国的情况。据《史记·楚世家》《世本》及《左传》等文献记载，楚是古帝高阳之后裔，高阳传至陆终，陆终生六子，最小的一个叫季连。"季连名也，芈（mǐ）姓，诸楚所出"。楚人艰苦创业，苦心经营我国南方长达千年之久，特别是公元前689年——楚文王元年，楚武王之子楚文王迁都于郢（湖北省江陵县北）后，征战连年获胜，势力日益强大，周天子对其无可奈何，只得承认了既成事实，在赏赐的同时，让楚国"镇尔南方夷越之乱，无侵中国"。到了楚庄王时，国势日强，问鼎周室，大有取而代之之势。那一历史时期的楚国，疆土辽阔，物质富饶，文化灿烂。从1982年春天在江陵县楚墓出土的精美绝伦丝织品中，我们可以窥

2300多年前楚国的九彩绣锦（湖北江陵出土）的精美丝绢：龙凤大花纹

和
氏
璧
辞
谜

见灿烂的楚文化之一斑。

　　春秋后期至战国中期，楚国在今天的湖南北部、湖北、河南、安徽、江苏、浙江、江西和四川一带；赵国在今天的山西北部和中部，河北的西部和南部；秦国在今天的陕西中部、甘肃的东部。

　　在春秋和战国时代，楚国对我国长江流域的开发和经营发挥了巨大的作用，对推动历史文明的进程立下了不朽的历史功勋。现代的人们没有见过和氏璧，而我们可以通过楚国辉煌的文明，想象一下和氏璧的风格和风采。

　　战国时期的思想家、政治家韩非子（公元前约 280—233 年），在他的文章《和氏》中是这样记述和氏璧的：楚人卞和在楚山中得一玉璞，献于楚厉王，厉王命玉工鉴别，玉工说这是一块石头。厉王认为卞和是在行骗，砍去了卞和的左脚；厉王死后，武王继位，卞和再次献玉，武王命玉工鉴别，玉工仍然说这是一块很普通的石头。于是悲剧重演，卞和以同样的"欺君之罪"被砍去了右脚；武王死后，文王继位，卞和在楚山中抱玉璞痛哭三日，泪血俱下，感天动地，消息传到楚都，文王派人询问，卞和回答：我并不是哭我被砍去了双脚，而是哭美玉被当成了顽石，忠诚之人被当成了欺君之徒，无罪而受刑辱。文王乃命人剖开"石头"，终于使文王和天下之人认识到了卞和怀抱之玉璞，果然是一块绝世佳玉。玉璞经琢磨后制成了玉璧，被命名为"和氏璧"。卞和为了使真实的、

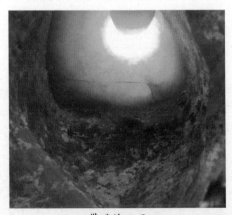

带璞的玉石

美好的事物被世人认同，所表现出来的执着、坚贞和勇敢，令人肃然起敬。

从楚文王到楚宣王的大约四百年间，和氏璧世代相传，一直归存于楚国王室。而到了楚威王时，因嘉奖昭阳灭越败魏有功，威王将和氏璧赏赐予昭阳。后昭阳于赤山举宴会饮，应众宾客所求而拿出和氏璧与大家共赏。想不到宴尽人散，和氏璧竟然神秘失踪！当时尚未发迹的张仪正屈附于昭阳门下，众人疑其品行不良，认为是张仪偷盗了和氏璧。于是"共执张仪，掠笞数百"。痛打其一顿后，终因查无实据，只好作罢。究竟是否冤案一桩，不得而知，反正和氏璧了无踪影，不知去向。一代牛人张仪在此之后投奔了秦国，凭三寸不烂之舌和胸中纵横天下之大略，终被重用，当上了秦国丞相。楚人重物轻才，玩物丧志，历史教训，值得反思。

50年后，赵国太监缪贤偶遇和氏璧，不胜欣喜，以500金购置，密藏于府内，由于有人告密，和氏璧"理所当然"地落到了赵惠文王的手里。至此，和氏璧在赵国，天下之人无不知晓。继韩非子之后，著名的史学家司马迁在《史记·廉颇蔺相如列传》中，为世人记述了"价值连城"和"完璧归赵"的历史故事：战国后期，秦昭襄王得知和氏璧在赵国，派人送信给赵王，说愿意以十五座城邑进行交换。赵王明知有诈，但迫不得已，只好派蔺相如捧璧出使秦国。蔺相如见到秦王，奉上宝璧，秦王十分欣喜，递给左右观赏，并不提割城之事。相如趋前对秦王说："璧上有点小毛病，让我指给大王看。"秦王将璧递给相如，相如接璧在手，退于柱旁，突然色变，怒发冲冠，厉声对秦王说："赵王为了送璧入秦，斋戒五日，然后才派我前来，是何等的真诚和郑重，而你得到了玉璧，却随便交给身旁的人，嘻嘻哈哈毫不庄重，我看你无意将城邑交给赵国，

长乐双螭出廓玉璧（东汉，故宫博物院）

所以我将璧取回，大王若是要逼迫我，我的头和这璧将一起碎在这柱子上！"说罢举璧于头，眼看柱子，作欲撞柱状。秦王爱璧心切，连忙道歉。相如请秦王斋戒，另择吉日交璧。回到驿馆后，相如火速遣使，由小道秘密将璧送回赵国。相如凭着过人的胆略和智谋，在中国历史上演出了一场流传千古的"完璧归赵"的故事。结局是"秦终不予赵城，赵亦不予秦璧"。

通过司马迁荡气回肠的记述，美玉连城、完璧归赵的故事脍炙人口，家喻户晓，和氏璧的形象和价值也达到了登峰造极的地位。那么和氏璧以后的情况又怎么样呢？

关于和氏璧的记载、传说和故事还有很多，最盛行的传说是，秦灭赵，得到了和氏璧。之后，又统一了中国，因"璧象环天"，于是秦始皇命丞相李斯写了"受命于天，既寿永昌"八个鸟虫形篆字在和氏璧之上，由玉工孙寿雕刻为玉玺，尊为国家威严和权力的象征。

受于既永
命天寿昌（正手）

永既于受
昌寿天命（反手）

秦玺上由李斯书写的鸟虫形篆字

受命于天　既寿永昌

秦玺上文字放大

汉灭秦后，此玉玺被汉高祖刘邦封为"传国玉玺"。西汉末年，王莽篡位称帝，逼太后交出玉玺，太后大怒而掷玉玺于地，磕损一角，乃用黄金镶之——此后便有"有眼不识金镶玉"之说。据说当刘秀的大兵杀入京城，王莽在临死之前，还将"传国玉玺"挂在脖子上，以示其"受命于天"，应为"正统"。王莽被诛后，"传国玉玺"为东汉光武帝刘秀所得，并作为"天"的象征往下传。东汉末年，玉玺几经辗转，被投入井中，为孙坚所得，后归袁术，袁术失败后，玉玺回归汉献帝。曹魏受禅，曹操得玺。晋以后，传国玺辗转相授，至唐高宗李渊时，传国玺改称"宝"，但五代时突然失踪。宋太祖赵匡胤建立北宋时，命人找到。元朝顺帝败北，将玺"携至大漠深处不知所终"。相传清进关以后，传国玺再度"浮出水面"，元后裔又献玺于努尔哈赤，清得之遂以称帝。

传说中的传国玉玺

然而，清亡后，在溥仪所交出的25颗玉玺宝印中，并无由"和氏璧"做成的"传国玉玺"的半点踪迹。至民国初年，还有一些军界、政界的要人，如警察总监张璧和鹿钟麟等人，曾经苦苦追寻这一宝物的下落。但特别值得一提的是，古代和现代一些研究和氏璧、传国玉玺的学者，经过严谨地考证和认真地分析，认为传国玉玺——秦玺（但笔者认为此玉玺与和氏璧无关），于后唐清泰三年（公元836年，后晋天福元年），已被后唐末帝从珂焚毁。

　　关于和氏璧的记载和传说可以说是真真假假，版本不少。过分地渲染神化了和氏璧，各种假象如同迷雾一样，使和氏璧的下落复杂化。传国玉玺是怎么失踪的？和氏璧——传国玉玺到底在哪里？为解开这千古疑案，不少人至今仍在浩如烟海的史料中寻找线索。历史上也有不少荒唐之人，谎称或误认为得到了"传国玉玺"。笔者以为，对和氏璧的分析，应以秦始皇统一六国为分水岭，记载秦统一六国前的故事和传说，有真实的部分，亦有渲染的成分。以后则为"秦始皇用和氏璧制成了玉玺"这样的记载或传说问世并流传。后来关于和氏璧的记载或传说，则纯属于假象、编造或错

庄重威严的玉玺

误地认识。我们有足够的证据来证明玉璧和玉玺之间毫无联系，也不难推理分析秦始皇为什么要设置和氏璧被制成玉玺这一假象的动机，更不难理解，为什么秦以后的历代帝王及统治阶级明知（或不知）"传国玉玺"并不是和氏璧的"后代"，但无一不维护着传国玉玺即和氏璧这样的假想、假说和假象。

卞和捧璧

第三章　璧的结构和几何尺寸特征

玉器是中国的国粹之一，玉文化是中国文化中不可或缺的重要组成部分。玉石玉器对华夏文明的影响是悠久而巨大的，可以说，玉文化贯穿于中华民族文明历史发展的全过程。所以，中国人的敬玉、爱玉、赏玉、佩玉和藏玉的习惯源远流长。今天，中国人的爱玉情怀有增无减，玉文化历久弥新，绝不是偶然的。

一、什么是璧？

要探寻和氏璧的秘密，首先，我们要明确什么是璧，并进一步明确璧的基本特征。璧是古玉器名称，玉璧最早出现于新石器时代中晚期，在商、周、春秋战国、秦、汉直至明代和清代，以及近代和当代，都不难见到玉璧。

远古时期，先民认为天是圆的，仿天而作璧，所以璧的外形是圆的；《说文解字》的解释是"璧圆像天"；对于璧与相似器物的区别，《尔雅·释器》中说得明白："肉倍好，谓之璧，好倍肉，谓之瑗，肉好若一，谓之环"。在这里，"肉"指扁圆形玉器的实体部分的宽度（尺寸 B），"好"作孔解释，即孔径（尺寸 d），"倍"应该作"大于"解释，而不必如《墨子·经上》所解释的"倍，为二也"。

尽管《尔雅·释器》中对玉璧的概念解释得很清楚，但什么是璧？在我国近代的考古界，还是存在着三种不同的意见。

①体扁平，圆形，中间孔径小于玉器实体部分宽度者为璧，孔径等于玉器实体部分宽度者为环，孔径大于玉器实体部分宽度者为瑗。

②体扁平，圆形，中间孔径小于或等于玉器实体部分宽度者，均可视为璧。

③体扁平，正方形、长方形或长方圆角形，中间有孔者即可称为璧。

笔者赞同古玉专家周南泉先生等人的观点，原则上认为第一种意见才是正确的。

二、璧的形状特征

璧是一种扁平、圆形，中间有孔，但孔径小于玉质尺寸的器物或饰品。根据《尔雅·释器》的解释，玉璧、玉环、玉瑗的基本形状特征见图。

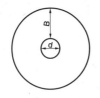 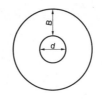 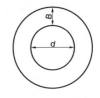

玉璧（$d<B$，肉倍好）　　玉环（$d=B$，肉好若一）　　玉瑗（$d>B$，好倍肉）

玉璧、 玉环、 玉瑗的几何形状特征

三、璧的尺寸范围

据考古文献和史料记载，玉璧虽经数千年历史的演变，但其始终保持着扁圆形状，中部有孔且孔径小于玉身半径的特点未作改变。根统计，通常历史上璧的外径为 5.0 ~25 厘米；孔径为 2.0~6.0 厘米；厚度为 0.5 ~2.0 厘米。只有四川广汉地区出土的璧十分奇特：广汉地区出土了历史上最大的璧（约为西周后期）——用灰黑色石头

乳丁璧

制成的璧，其直径、孔径和厚度分别为70.5、19、6.8厘米，重达百斤以上。

四、与璧有关联的古代玉器

1. 圭璧

如《诗·大雅》："圭璧既卒，宁莫我听"；《后汉书·明帝》："亲执圭璧，恭祀天地。"又如孙诒让（1848—1908）撰《周礼正义》，文中引聂崇义"于六寸璧上，琢出一圭，长五寸"。

不少执"传国玉玺是由和氏璧制成"之观点的专家学者认为，和氏璧是圭璧，即一种特殊的璧。认为"圭璧为同一件礼器，上尖下方，依其形态，可以刻为秦玺"（郝用威.和氏璧始末——和氏璧探源之一.宝玉石信息，1989年7月25日）。那么，古书中的"圭璧"到底是何物呢？

圭璧（清）

古玉专家经过严密的考证认为"圭璧之义，有两种可能：其一，指两个字而不是一个词……应为圭、璧，它们是两件器物而不是一件器物；其二，是一个词，是一件器物。"（周南泉.论中国古代的圭——古玉研究之三.故宫博物院院刊，1992年第3期:18-19）。

璧的概念我们已经知道，要弄清楚"圭璧"，还有必要知道什么是圭。圭是玉制"六瑞"中排在第四位的瑞玉，有"等邦国"和区别职务高低等功能。圭的上端呈等腰三角形，下端平直，为长方形，也有上端为圆形的圭。虽然圭的形状尺寸多种多样，但厚度很薄是它们共同的特征。通常，玉圭呈片状、刀剑形。"圭璧"，是圭和璧的复合体。

据《礼仪·聘礼》《新定三礼图》（郑司农绘）等资料，圭、圭璧的形状如图所示。

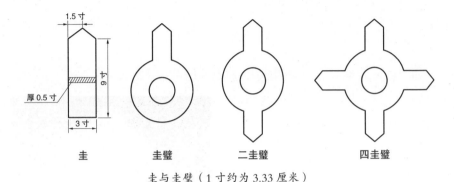

圭　　圭璧　　二圭璧　　四圭璧

圭与圭璧（1寸约为3.33厘米）

应该指出的是，上图中的二圭璧、四圭璧，古玉专家常常将其称为"两圭有邸""四圭有邸"。《尔雅》曰："邸，本也"。根据《周礼·典瑞》，两圭有邸和四圭有邸分别用作"祀地旅四方"和"祀天旅上帝"，所以有人将其理解为与祭天等用的玉璧有关联。从考古发掘的资料看，汉以前确有圭和璧在一墓或一坑中出现的情况，但还从来没有发现过圭璧。周南泉先生在他的论文中介绍，他在汉以后的传世玉器中曾见过两件圭璧：一件中央为谷纹玉璧，在璧的外缘，等距离凸出三个大小相同的圭形物；另一件为在璧的外缘凸出四个大小相同的圭形物，只是这四个圭形物饰以兽面纹。

显而易见，圭璧乃薄形器物，是不可能改制成玉玺的。

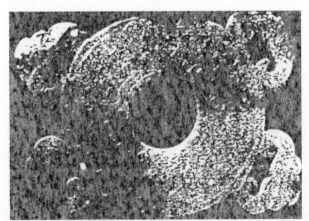

明仿古圭璧

2. 璧琮

琮也是古代重要的礼器之一。琮是外方、内圆、中空的柱状瑞玉。它由琮体和"射"两部分组成：通常琮体由四个面组成，琮的上下两端各有一"射"，为圆柱体。琮在"六器"中有着重要位置，排列第二。

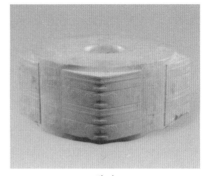

璧琮

琮始见于《周礼》等古籍。郑玄补注《周礼》时说："琮，八方象地之形，中虚圆，以应无穷，象地之德，故以祭地"。东汉许慎《说文解字》，以"琮，瑞玉，大八寸，似车釭"的解释为世人所认同。"车釭"是车毂中的铁，即车毂上包住木杆的铁箍。

有人认为和氏璧是一种"璧琮"，因此可以将其改制成玺。

璧琮是一种非正规的名称，即短宽琮，因其俯视图近似于璧，故亦称璧琮。璧琮的宽度一定大于高度，一般分为两节，四角饰以兽面纹，中心为贯通的圆孔。

图中的璧琮为良渚文化的出土物，高为8.8厘米，重为6500克（璧琮重量不轻，其宽度远大于高度，也不可能改制成玉玺）。

3. 玉琮

玉琮均为四方柱体，中心有孔，表面常常刻有饕餮纹饰。玉琮有大有小，有的玉琮仅有一节，而最多的则达十九节。

玉琮的主要象征意义和功能如下。

首先，是祭祀用的重要礼器之一，琮代表地，象征阴，玉琮的造型是内圆（孔）外方，似是印证"璧圆象天，琮方象地"等道理，璧圆代表天象征阳，琮方代表地象征阴。因此可以说琮是天地贯通的象征；其次，琮乃"玉""宗"

合写，象征宗庙和祖宗；第三，琮是王后及诸侯夫人的瑞玉，象征母权；第四，琮为通神的法器，古代巫师用琮作为通天地、敬鬼神的法器；第五，琮是葬器，巫师常用玉琮（或被烧过的玉琮）、石琮，来镇墓压邪、敛尸防腐、避凶驱鬼。

据考古研究发现，新石器时代的良渚玉琮，其玉材为产于江浙一带的透闪石质玉石，多制成规整的内圆外方形。

浙江杭州反山遗址出土的神兽纹玉琮为现今所见良渚文化中最大的玉琮，被称为琮王。殷墟妇好墓曾出土了两件有纹饰的玉琮，其中一件上下各饰一组弦纹，四角有凸棱，侧面饰竖道弦纹，该造型很少见。

玉琮

商周时期玉琮数量不多，从出土的实物看，这一时期琮的形体普遍较矮小，多光素无纹。玉琮切割规整，中孔较大，琮体较新石器时代略薄。春秋战国时期玉琮的造型与西周相近，形体较小，战国部分玉琮刻有细致的兽面纹、勾云纹等纹饰。汉代时国家已经不再制造玉琮。宋以后出现了仿古玉琮，清代乾隆时期仿古玉琮尤多。

4. 玉圭

圭来源于新石器时代的工具——石铲和石斧，真正标准的尖首形圭，始见于商代而盛行于春秋战国。《说文》解释："剡上为圭"，指的是上部尖锐下端平直的片状玉器。

圭的形制特点因时代不同、种类相异而存在较大的差别，新石器时代的"玉圭"从严格意义上讲并不是真正的圭。这种长条形、平首带穿的玉器多见于龙山文化，以素面为多，少数在下端饰有阴线弦纹，精美者刻有兽面纹。纹饰系用利石刻成，有明显的刻划痕迹。真正的玉圭见于商代，有两种形式，一种平首，圭身饰双钩弦纹，另一种尖首平端，近似后代的圭。周代玉圭，以尖首长条形为多，圭身素面，尺寸一般长 15~20 厘米。

战国时期出土的圭数量较多，其中不少是石制的。圭身宽窄不一，现今所见的均为光素。山西侯马盟誓遗址所出的盟书均书写于不规则的石圭上。汉代玉圭已从社会日常生活中消失，只有王公贵族为了显示其地位，才特别雕造了少量的玉圭。宋以后，历代都有不少仿制品。明代玉圭呈尖首平底状，有的器表满布浮雕的谷纹或蒲纹，有的阴刻出四山纹，寓意安定四方。

今日所见玉圭基本上是商周至战国的作品。清代伪古玉中有少量圭形作品。

玉圭

圭的主要功能如下：

①玉圭是上古重要的礼器，被广泛用作"朝觐礼见"标明等级身份的瑞玉。

诸侯朝觐周天子时，作为表示身份等级的标志。通过不同尺寸的圭，显示了上至天子、下到诸侯的不同等级；不同尺寸的圭有不同的名称(如镇圭、桓圭、信圭、躬圭)等，也显示了周室安邦理国的信念。

②玉圭是祭祀盟誓的祭器。《周礼》记载圭有多种形制、多种用途，战国以后圭在社会上就不再流行，各代帝王在遵循古制、点缀朝廷的威仪时曾制造过，但绝大多数没有流传下来。

③玉圭是行使职能的依据，是天子使者所持的符节。不同名称的圭赋予持有者不同的权力或职能。

珍圭——召守臣回朝，派出传达使命的人须手持珍圭作为凭证；遇自然灾害，周天子派去抚恤百姓的大臣所持的信物，也为珍圭（《周礼·春官·典瑞》：珍圭以徵守，以恤凶荒）。

谷圭——持有者行使和解或婚娶的职能（《周礼·考工记》：谷圭七寸，天子以聘女。从《周礼·春官》：谷圭以和难）。

琰圭——持有者行使处罚等职能［《周礼·考工记·玉人》：琰圭九寸，判规，以除慝（tè），以易行］。

琬圭——持有者行使嘉奖的职能。

④玉圭也作为葬器使用。

5. 玉环

玉环为古玉器的一种，是一种体薄、圆形而中间有孔的玉器，形状与现在的手镯类似。与此器近似的则是玉璧和玉瑗。

玉环

考古学家、玉文化学者认为，玉璧、玉环和玉瑗三者孔径大小不同的原因是：当初它们的用途各不相同。

玉环的功用和象征意义为：玉环多作为美化生活的装饰物，显示着财富和地位，象征团结、圆满等意义。

6. 玉瑗

玉瑗亦为古玉器的一种，明白了玉璧、玉环的形状和尺寸特征，则玉瑗的含义也就很清楚了。

玉瑗的最初功用为帝王、后妃等权贵行走时，为了防止其不慎跌倒，用玉瑗供特定的下属与帝王间各持一部分，作为牵引器，起到安全和导向的作用，故玉瑗的孔大于玉璧和玉环。

玉瑗

玉瑗作为牵引器的功能，在历史上早已丧失，后来更多的是作为装饰物，象征富有、品位和高雅。

7. 玉璜

在古代的玉璧中，有一种璧是由数个玉璜联合而成的，所以玉璜与玉璧有关联。

玉璜，是玉礼器之一。在"六器"中，用其礼祭北方之神。"以玄璜礼北方"，这是《周礼》中的有关规定。

玉璜的形体有两种，一种是半圆形片状，圆心处略缺形似半璧；另一种为较窄的弧形。一般玉璜在两端打孔，以便系绳佩戴。商周以后，玉璜的功能逐渐有了扩展：成为了礼器和佩饰两种器物。

商代前，因一般的玉璜无法显示出佩带者美化自己的意愿，又不能区别佩带者的地位身份。因此自商代起，玉璜在饰纹和式样上出现多样化，以满足各层次爱玉者需要。人形璜、鸟形璜、鱼形璜、兽形璜等，就是商代玉雕艺人所创新品种，商代起玉璜成为流行的佩带物。战国时期出现镂雕玉璜，多为变龙纹，唐代以后玉璜渐渐消亡，取而代替的是各种玉佩饰品。

黄龙玉仿古玉璜（朱文明）

第四章　玉璧的类型

从新石器时代至明清时期乃至现代，玉璧的形状、纹饰、风格经历了一个漫长的演变过程。对于玉璧的种类，不同的专家学者有不同的分类方法。根据玉璧的功能、用途、形制及工艺特征等演变过程，笔者将玉璧分为以下类型。

一、按玉璧的功能和用途分类

按玉璧的功能和用途分类，则玉璧可分为礼仪用璧、装饰用璧和陪葬用璧三大类。

1. 礼仪用璧（礼器、礼玉）

古代先民认为"万物有灵"，他们对大自然中日月星辰的运行、风雨雷电的搏击、虹霓云霞的幻变、火山岩浆的喷发、森林大火的燃烧、江河洪水的泛滥、丰年和荒年的轮回等奇异现象无法理解、无法改变，因此他们认为周围世界充满了神灵和魔力。这些神灵能控制、干预人生的祸福、氏族的兴衰。出于对神灵和魔力的敬畏，对吉祥康宁的期

苍璧

盼，他们怀着虔诚的心情，把认为最有价值的物品贡献给神灵，以求得神灵的护佑和自身心灵的慰藉——这就是玉器作为神器和礼器的由来。

玉璧的功能和用途在历史上有一个产生和演变的过程，商周时期为玉璧的发展时期，礼器作为玉璧最重要的功能，被定格了下来。《周礼·春官》规定了"六器"作为国之礼器："以玉作六器，以礼天地四方。以苍璧礼天，以黄琮礼地，以青圭礼东方，以赤璋礼南方，以白琥礼西方，以玄璜礼北方。"玉璧成为了古人祭祀活动中最重要的礼器之一。

春秋战国时代，由于礼制的衰落，玉璧成为了贵族专用的礼仪馈赠用品，还作为礼仪场合中手执的信物，玉璧又成为了礼玉。

2. 装饰用璧（佩玉、系璧）

随着社会的发展，礼教的约束力在不断减弱，且由于璧是用"吸收了山川之精，日月之灵"，具有绚丽色彩、温润质地、敲击时可发出悦耳声音的美石，经精雕细琢而成的精美物品，具有极高的审美情趣和装饰效果，所以玉璧使用者的范围在扩大，玉璧的用途得到拓展，成为了装饰用品（即佩玉），古称系璧。玉璧还成为了地位和财富的象征，以璧为佩饰早在战国至汉代就已风行，并一直延续到了现代。

装饰用璧有以下三个例子。

例子1：齐家文化的玉系璧，一套三件（可参见周南泉《中国古代玉器断代与辨伪·玉礼器》），这一套玉璧外径 5.2 厘米，厚 0.4 厘米，从尺寸大小和璧的纹饰来看，是典型的为了美化生活而用的系璧，说明在 4000 年前的黄河上游一带，玉璧与人们的生活关联密切。

例子2：玉镂雕龙凤出廓佩饰，为战国时期器物，是随身所戴的佩玉。虽然内孔略大，但可以将其视作系璧。

玉镂雕龙凤出廓佩饰
（战国）

例子3：翡翠系璧，是当今人们喜爱的装饰品之一。由此我们完全可以看出，古代的玉璧文化延续至今，得到了传承和发扬。

翡翠系璧
（当代）

从存世或出土的实物看，战国时期玉璧宝光四溢，做工极为精良。在当时这类玉璧即被奉为珍宝，作为佩玉或抵押品、赏赐品、镶嵌用品、礼仪用品及馈赠用品。

3. 陪葬用璧（葬器）

玉璧被作为重要的葬器之一，早已经被大量的出土文物所证明。

用玉璧作为陪葬品，有学者认为主要是因为原始宗教中的巫术观念所致，而笔者以为这一观点虽有一定的道理，但实际上很片面。玉璧作为陪葬品原因至

陪葬用璧

少有三：其一，人们对祖宗、对逝者的敬爱、敬畏之心理；其二，古人视死如生，认为死者具有灵魂，陪葬品可以安抚死者的灵魂；其三，巫术观念。原始宗教的一切仪式，都或多或少都带有巫术的色彩，先民们对玉璧的使用当然也会受巫术思维的影响。

二、按表面特征及制作工艺分类

按玉璧的按制作工艺及表面特征分类，则玉璧分为素面璧、饰纹璧和镂雕璧三大类。

1. 素面璧

素面璧，玉璧为素面无纹，在工艺上有粗放和细致两种。粗放型素面玉璧厚薄不均，边缘磨损，有明显的切割、钻削的痕迹；制作细致的玉璧，表面光洁，

素面璧

轮廓线挺拔，外形圆润，很少见到打磨的痕迹。

　　素面璧是最早使用的玉璧，出现于新石器时代。最引人注目的出土地区有三个：一是东南沿海地区（长江下游）的良渚文化遗址，该地区出土了许多素面璧，但玉质较粗糙，是用透闪石精制的玉璧，我们仍将其视为素面璧；二是分布于内蒙古东南部、辽宁省西部的红山文化遗址，该地区曾出土了许多具有重要价值的玉璧。三是四川广汉地区，但该地区出土的璧多为灰黑色的岩石制成，只能算为石璧。

　　素面璧的初始型式见图，随着审美需求的多样化，后来，在圆形璧的基础上又派生出了"8"字形的双联玉璧和在"8"字上头再增加一个圆圈的三联玉璧。

良渚文化玉璧（透闪石玉，直径26.2厘米，孔径4.2厘米，薄形青灰色，杂以黄褐色斑点）

红山文化双联玉璧

红山文化玉璧

2. 饰纹璧

表面刻有纹饰的玉璧，称为饰纹璧。饰纹璧与镂雕璧有所不同，饰纹璧上的装饰纹是平面的，而镂雕璧上的装饰内容是立体的。

饰纹璧上的纹饰内容非常丰富，常见的有谷纹、蒲纹、乳丁纹、涡纹、云纹、勾连纹、雷纹、绳纹、卧蚕纹、蝌蚪纹、鱼纹、龙纹、螭龙纹、龙凤纹、夔（kuí）纹、蟠螭（pán chī）纹、凤纹、鸟纹、兽纹、兽面纹、灵芝纹、蝙蝠纹等。

现略举数例以作说明，关于纹饰的寓意将在后面谈到。

① 谷纹璧。璧的两面带有成排的小圆圈，圆圈上雕有旋涡状、像谷子发芽。谷璧是使用时间最长的璧，从商朝到清代，一直在使用，《周礼·春官·大宗伯》有"子执谷璧，男执蒲璧"的规定，谷璧的使用以战国至汉代为最多，其尺寸小，直径很少有大于20厘米的。

谷纹璧（战国）

② 蒲纹璧。璧的两面带有极浅的六角格子纹，像编织的蒲席。蒲纹璧主要见于战国至汉代，尺寸小，工艺精，表面光亮。战国时期这种玉璧的价值极高，被人们视为珍品，成为财富的象征。也作为抵押品、赏赐品、礼仪用品、饰品和馈赠品使用。

兽面蒲纹璧（汉代）

③ 龙（凤）纹璧。将璧的两面分划为两到三个同心圆区，外区饰龙纹或凤鸟纹，内区饰谷纹或蒲纹，有的第三区兽面纹。龙（凤）纹璧始见于汉代，这种璧一般用水苍玉制，直径较大，大的能超过40厘米，但璧厚的不多见。

龙纹璧的龙纹用阴线刻成，主要刻画正面的龙头，造型简洁、飘逸，甚

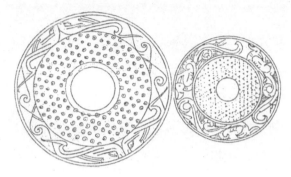

龙（凤）纹璧

双身龙纹璧（左）　　　侧身凤纹璧（右）

至有些抽象。龙的眼、鼻很大，鼻的下方刻几道粗而浅的阴线，一般无嘴，其他部分则用细线雕刻。龙为双身，身体似飘带伸向两侧，常见有两条飘带般的条纹缠绕龙身，似龙爪，又像龙翅。这样奇特的龙纹仅在玉璧中才能见到。

凤纹璧中凤的造型也有别于其他艺术品中凤的造型，图形简约，主要用象征性的手法刻画凤的形象。玉璧中凤的造型，其风格与楚国壁画或丝织品上凤的形象相似，是否受楚文化的影响，有待于专家进一步研究。

龙纹蒲璧在汉墓中有大量的发现，清代也有许多龙纹蒲璧，但在饰纹、造型、工艺等方面几乎完全模仿汉代的风格，多为仿古作品，但其材质又与汉代的玉璧有所区别：清代玉璧多用质地较好的和田玉中的青玉、碧玉制成；汉代玉璧为"水玉"制成，玉里含有较明显的白斑，玉璧带有"水沁"或"土沁"，而清代玉璧没有这些特征。

④夔纹璧。

夔纹乳丁玉璧（汉）

⑤螭龙纹。

内外双螭谷纹璧（西汉）

⑥云纹璧。

云纹璧（宋）

识别玉璧的类型相对容易，但要判断玉璧的年代，则需要多方面的知识和经验。而最简单的方法就是根据玉璧的饰纹来进行识别，玉璧上面常见的纹饰与历史时期通常有如下关系。

素面——新石器时代至春秋时代。

弦纹——商代。

谷纹、蒲纹、涡纹、云纹、勾连纹、蟠螭纹——东周、春秋战国至汉代。

龙纹、凤纹——汉代至清代。

凸雕螭纹、乳丁纹、兽面纹、花鸟纹——宋、元、明、清。

3. 镂雕璧

镂雕分为透雕璧和局部镂雕璧，透雕璧是在玉璧的圆形面上镂空形成各种纹饰；局部镂雕是在璧的孔内或外侧，镂雕出装饰纹饰。

透雕玉璧

局部镂雕玉璧

镂雕璧始见于战国时期，流行于汉代，一直到清代仍然流行不衰。

三、按璧的几何形状特征分类

按璧的几何形状特征分类，则玉璧可分为常规圆形玉璧和特形玉璧两大类。

1. 常规圆形玉璧

常规圆形玉璧包括素面、纹饰、镂雕圆形玉璧。

2. 特形玉璧

包括二连璧、三连璧、双联璧、联环璧、出廓玉璧、大型复合玉璧、变形出廓玉璧、出齿玉璧、突脊玉璧、变形玉璧（方形、椭圆形）、璜形合璧、双瑗合璧、镶嵌玉璧、圭璧、璇玑璧、内孔带异兽玉璧等。

现列举典型玉璧8例，以表现特形玉璧与常规圆形玉璧在形状、结构上的差异。

①出廓玉璧。在璧外侧的直径方向附有镂雕龙凤纹等内容的玉璧，因其装饰部位的高度大于玉璧的直径，所以称为出廓玉璧。附加的镂雕纹饰多为

龙纹、凤鸟纹、蟠螭纹等。

出廓玉璧出现于战国早期，其镂雕疏密得体，非常精美。在汉代出现了在璧的一侧凸出一块近乎于三角形装饰图案的玉璧，其出廓部分一般为螭龙对拱，有些螭龙间还有"宜子孙"、"长乐"等吉祥语。

②大型复合玉璧。在玉璧的表面同时刻有两种以上纹饰的玉璧。这种玉璧最早出现于春秋中、晚期和战国早期，如上所说，一般是用同心圆弦纹或绹（绳索）纹将璧的两大面分划为两到三个同心圆区。分为两区的，分别在内圈和外圈刻以谷纹（或蒲纹、涡纹）和龙纹（凤纹）；分为三区的，则自外向内分别雕刻有龙纹、谷纹和龙纹（或谷纹、龙纹和勾连纹）。

复合玉璧上的龙纹造型独特，有时一首数身，头正视前面，眉宽鼻阔，圆睁大眼。眉和额两侧各有一绺短发向两边飘动，没有嘴形。龙首下部向两边各伸展出一条细小的龙身。在同一个圆圈中，往往相邻两条龙的龙尾互相缠绕。

③双联璧。材质为和田玉，两枚螭纹、乳丁纹镂雕玉璧由一活环相联。定名：镂雕螭纹、乳丁纹活环双联璧。

④变形出廓玉璧。一种很独特的玉璧。

"宜子孙"出廓白玉璧

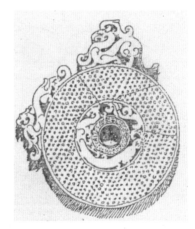

碧玉螭虎双瑗复合璧（藏于美国纳尔逊美术馆）

镂雕螭纹、乳丁纹活环双联璧（清乾隆，通长 32 厘米，故宫博物院收藏）

⑤ 变形玉璧（方形）。明代玉璧，方形，璧面饰以双螭灵芝图案，极具装饰效果，象征吉祥如意。

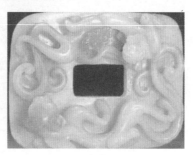

方形浮雕玉璧

⑥ 双瑗合璧。新石器时代含山文化玉璧，由大、小二瑗合成一个玉璧，外径8.3厘米，厚0.9厘米，安徽省含山县凌家滩出土。

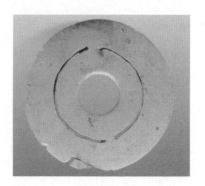

双瑗合璧

⑦ 璜形合璧。战国时期玉璧，故宫博物院收藏。材质为和田玉，外径11厘米，厚0.5厘米。是典型的双璜合璧，内孔为一螭虎，璧的两面饰以谷纹。定名：镂雕螭虎、谷纹双璜玉璧。

璜形合璧不但有双璜合璧，还有五璜、六璜、九璜等多璜合璧。

⑧ 镶嵌玉璧。玉璧镶嵌于金属之中，如北京故宫博物院收藏的铜镶玉璧。2008年北京奥运会的金、银、铜奖牌，就是玉璧与金属镶嵌的典型范例。

第五章　古代璧的功用和寓意

　　玉璧文化历经数千年而不衰，之所以有如此强大的生命力和影响力，是因为玉璧本身承载着丰厚的历史文化内涵、具有多种功用和寓意。它是中国传统文化从自然崇拜、信天敬天、敬神畏神，最后演变至天人合一、精神和物质统一的集中反映。

　　按功能来分，我国古代玉器可以归纳为礼器、佩饰、兵器、陪葬玉、玉器具、玉陈设等几大类。在这几类玉器中，玉礼器的风格和型式

包金嵌璧

具有极大的稳定性，在漫长的历史变迁中，其变化不大。而其他几类玉器的风格和型式都随着时代的变迁，发生了较大的改变。

一、璧是礼器

　　中国人所说的礼，在古代主要指祭祀活动，还包括朝仪、交聘、军旅等活动。"礼"，包含有大家必须共同遵守的礼仪、仪式、行为和道德规范等内容。在古代的中国，"礼"是用来巩固统治的一整套制度和规定。我国古代关于"礼"的典章制度出自于"三礼"——《周礼》《仪礼》和《礼记》。在"三礼"中，对于玉的使用、玉的精神、玉的形制等有许多论述，这些对玉的论述和规定

和
氏
璧
释
谜

套璧组合（玉项饰）

被玉文化学者称为"三礼玉论"。"三礼玉论"是儒家思想中关于玉文化的最重要、最系统的理论成果，是中国玉文化、中国传统文化中的重要组成部分。

关于礼器的系统规定主要出自《周礼》，按照《周礼·考工记·大宗伯》的规定，璧、琮、圭、璋、琥、璜称为"六器"，而"六器"的"象方明神"位为：璧礼天神，琮礼地神，圭礼东方之神，璋礼南方之神，琥礼西方之神，璜礼北方之神。所以，"六器"中璧的器形和用意是象征天。璧是礼玉之首，又是"六瑞"之一，所以它是重要的礼器。璧是由美丽、稀少和珍贵的玉石做成的，按照古人万物皆有灵性的观念，他们认为玉是山川的精华、上天恩赐的宝物，具有沟通天地鬼神的灵性。

为什么玉璧是古代祭天的器物？原因是古人认为"天圆地方"，而玉璧圆的外形象征苍天，中间的圆孔象征太阳，故被先民们用来祭祀苍天和太阳，以祈求平安和丰收。《周礼》中对礼仪用玉的形状、颜色都有严格的规定。"以苍璧礼天"，即记载了这一功能。在秦汉儒生整理的《礼》书中，璧最重要的功能也是用来祭祀上天的。当然，在严肃的礼制条件下，作为国家祭祀用的玉璧，在用玉方面，也绝不可以随随便便。

璧作为礼器用于祭祀，不仅

古石璧

限于祭天，还发展成为祭神鬼、祭山川、祭海河等的器物。关于璧作为礼器的记载，相关文献中还可以找出许多。

二、璧是礼品、礼物

对于这一功能，我们可以从《左传》中看到对璧作为礼品、礼物的有关记载。

桓公元年："郑伯以璧假许田。"

僖公二年："晋荀息请以屈产之乘与垂棘之璧，假道于虞以伐虢"。

这两件事说明璧是国与国交往的礼品。

僖公二十三年，"重耳过曹，曹大夫僖负羁馈盘飧，置璧焉"。

襄公十九年，襄公"贿荀偃束锦加璧、乘马，先吴寿梦之鼎"。

这说明璧被当作国君、大夫与异国大臣、公子交往的礼物。

人们一定记得，在楚汉相争的惊险一幕——鸿门宴上，张良出于政治斗争的需要，为了麻痹敌人，就特意将一对玉璧作为礼物，送给楚霸王项羽……

在日常生活中，玉璧作为佩玉之一，成为人们表达感情，相互馈赠的最好礼品。

佳人遗我云中翮，何以赠之？连城璧！（西晋，张载《四愁诗》）

玉璧（宋）

云纹出廓璧

只有赠送美好的玉璧，才能表达自己对恋人的一片深情。

璧作为礼品和礼物，还广泛用于朝贺、进贡、馈赠、婚娶等礼尚交往场所。

三、璧是佩饰

爱美之心，古今皆同。同今天的玉扣、玉石挂件及玉佩等玉件一样，璧是佩饰。璧自战国以后，已由礼仪用途转变为士大夫等阶层所使用的装饰品和玩赏物。

青青之（子）佩，悠悠我思。纵我不往，子宁不来？挑兮达兮，在城阙兮，一日不见，如三月兮。（《诗经·郑风·子衿》）

从诗中可以看出，诗人以青色绶带串起来的佩玉，比喻自己日夜思念之人，见到佩玉，则如见其人。而在当时的社会中，在"青青之佩"里，玉璧就占了不少的比例。

陪葬的秦璧等

四、璧是重要的葬器

山东沂水县诸葛镇大暖峪村出土的三件战国玉璧，其中一璧面雕锯齿纹，象征太阳之光辉。璧有陪葬的功能，尤其是身份较高者死后必带的器物，文献中有很多记载：

《尚书·金滕》记周公"植璧秉珪"，向先祖祷告："予仁若考能，多才多艺，能事鬼神……尔之许我，我其以璧以珪归矣而命；尔不许我，我乃屏璧与珪。"这段文字记载的是周公准备代替武王去死，拿着璧和珪，向先辈祷告说：我心地像先辈一样善良，又多才多艺，能侍奉好您们。您们若允许我死，我就带着璧和珪来见您们；您们若不答应我的请求，我就摒弃璧和珪。从记载中不难理解，璧和珪是死者携带的礼物，若不到九泉之下，便不需要璧和珪。

《左传·僖公六年》记载："许男面缚衔璧，大夫衰绖，士舆榇，楚子问诸逢伯。对曰：昔武王克殷，微子启如是。武王亲释其缚，受其璧而祓之，焚其榇，礼而命之，使复其所。楚子从之"。这段文字记载的是：许国国君反绑双臂，口里

牛首图腾璧

衔着一块玉璧，许国的大夫们穿着孝服，许国的名士用车载着一口棺材，向楚国求降。楚王问逢伯怎样处理，逢伯说："从前，周武王灭掉商朝的时候，商朝的微子启也是这样投降的，武王亲自解开绳索，收下其嘴里衔着的玉璧，用去邪的方法对璧作了处理，并用火烧掉了棺材，用对待上宾的礼仪接待了他，让微子回到了他的领地。"楚王听后，就用武王对待微子的办法处理了这件事，接受了"许男"的投降。

《左传·僖公七年》记载：申侯"有宠于楚文王，文王（知其）将死，与之璧……"楚文王知道申侯将难免一死，送其一璧，令其速行。

成公二年，鞍之战，晋国韩厥追及齐顷公，将俘之，不忍立即加辱，乃以臣礼事之。因齐侯很快将有性命之危，这时韩"奉觞加璧以进"，以示关怀。

从以上记载中可以看出，正如古玉专家臧振、潘守永所考证的那样，璧最大的功能之一，就是作为礼物献给神灵、留给自己死后享用。

在对大量古墓地发掘和考古活动中，专家早已证实了璧是古代最重要的陪葬品之一，专家推测，古人认为璧作为陪葬品主要有三个方面的作用：①可作为食品供死者享用；②可以使死者身体不朽，灵魂永在；③可以防止地下其他鬼怪的侵扰。

和氏璧猜谜

有了这样的观念，墓中玉璧的多少以及玉璧品级的高低，一方面反映了生者对死者的尊崇、虔诚程度，另一方面是死者地位、身份的标志。

五、璧是财富的象征

白虎通云：方中圆外曰璧。这个"方中圆外"的形状，后来成为了货币的形状。在古代乃至现代，玉璧石质的优劣，形制是高雅还是简陋，做工是精美还是粗糙，往往体现着不同的价值。玉璧数量的多少，肯定是体现着财富的多少。

由于璧大都是由美玉制作而成，而美玉在古代的价值是很高

五璜联璧

的，所以璧是财富的象征是毫无疑问了，正如秦相李斯在其《谏逐客书》中，就用"今陛下致昆山之玉，有和隋之宝"，来表示秦国的殷富。显然，人们将和氏之璧、隋侯之珠视为世界上最宝贵的财富。

素面玉璧

螭龙环（西汉）

六、璧的其他功能和寓意

因为有卞和荆山抱玉的故事，两千多年来，玉璧在中国人的心目中占着特殊的地位，玉璧的寓意也变得隽永无比。中国的文人也有以玉璧借喻人才的。晋人傅咸所作的《玉赋》，就表达了人才的悲与喜：

万物资生，玉秉其精，体乾之刚，配天之清。故珍嘉在昔，宝用罔极。夫岂君子之是比，盖乃王度之所式，其为美也如此！当其潜光荆野，抱璞未理，众视之以为石，独见之于卞子，旷千载以遐弃，欻（忽然，音xū）一朝而见齿，为有国之伟宝，荐神祇于明祀，岂连城之足云，喜遭遇于知己！知己之不可遇，譬河清之难俟。既已若此，谁亦泣血而刖趾！

由于璧本身承载了众多的人文内涵，故在玉文化、玉观念的发展过程中，中国古代先民认为天是圆的，因璧圆象征天，璧象征男性，璧与男性、天、阳、乾等概念联系在一起，从而视璧为神权、法权、夫权的象征；璧还被认为具有辟邪、禳灾的作用；在古代，因为璧是一种宝贵的财富，所以璧又是身份的象征；从古至今，璧还被人们用作美好形象和美好事物的比喻。

总之，据古玉学家归纳，玉璧至少有礼天、河、海、山、祈神、君享用、区别等级、束帛、辟邪、法天、佩系、殓尸等用途。而根据古人对天、对君王、对礼制、对自然、对美石、对玉璧的认识和联想，璧是神圣的、法力无穷的，是可以决定人类祸福和国家兴衰的，璧也是美丽、财富和地位的象征。

构图灵动的玉璜、玉瑗

和氏璧解谜

第六章　璧的形制演变

云纹玉璧

镂雕夔龙璧

经历史学家、考古学家研究证明，中国玉器源远流长，已有近一万一千多年的历史，而玉璧的制作则有近六千年的历史。为了删繁就简，便于了解玉璧发展的历史过程，我们大致可以沿着新石器时期—春秋早期—春秋晚期—战国时期—秦汉—唐宋—明清—当代这样一条历史路径，去观察、认识玉璧的形制变化情况。

"形制"是中国玉器、玉雕界的一个专用名词。形制专指玉器造型的风格及大小尺寸的等级规格。对礼器中的"六瑞"，在《周礼·考工记》中有记载："镇圭尺有二寸，天子守之……"。还有"圭璧五寸，以祀日月星辰"等。同一种类的玉器，在不同的历史时期，可能有着不同的形制特点。

玉璧的形制演变，与历史的发展变迁、玉石玉器的雕琢风格密切相关。玉石雕琢从石器时期的古朴简洁，到夏商周时期的富于象征；从春秋战国时期的生动传神，由简向繁，到秦汉时期的粗犷豪放，简练博大；从隋唐时期的器形夸张、气韵生动，到宋辽时期的表现生活，细腻精练；再到明清时期的精巧玲珑、形神兼备。如果从玉器的主要功能来归纳，中国玉器制作风格的发展轨迹可以概括为"器（新石器前期或早期）—神（新石器中晚期）—权

蒲纹璧

（夏、商）—礼（西周至春秋战国）—赏（两汉开始）—赏与商（始于唐、宋、元、明、清）—收藏（盛行于现代）"的运行历程。

在这里，"器"有"工具、器具"的含意；"神"应解释为神圣至高的"神器""权"，为权力的象征；"礼"是礼天敬神的礼器；"赏"主要是美丽高贵的艺术品；"商"则是流通于市场的贵重物品；"收藏"的含义和目的不难理解，不作赘言。勤劳智慧的先民创造了璀璨的中华玉文化，使玉器和玉雕艺术成为世界文明史中的一朵奇花。

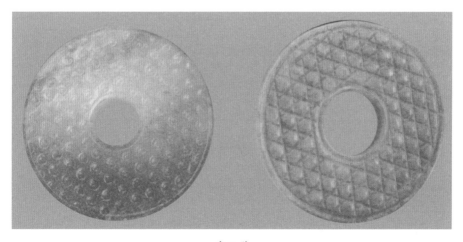

宋玉璧

和氏璧释谜

一、新石器时期玉璧形制及其特征

在距今6000～4000年的新石器时代中晚期，在许多地区如辽河流域、黄河流域、长江流域、东南地区乃至台湾地区，都有玉璧的出现。具体情况可见表6-1。

表6-1　新石器时期各文化遗址中玉璧分布概况

序号	距今时间	文化遗址	分布区域	分布地点	玉器类型
1	6000~5000	红山文化	东北地区	辽西、内蒙古东部	佩饰、圆锥动物、玉璧等
2	6000~4000	小珠山文化	东北地区	辽东半岛	佩饰、圆环状玉片（玉璧）
3	6300~4400	大汶口文化	黄河下游	山东、苏北等地	佩饰、工具、玉璧等
4	4800~4000	中原龙山文化	黄河中游	陕西、河南、山东等地	佩饰、玉璧等
5	5100~4000	马家窑文化	黄河上游	甘肃东南、青海西北、四川西北	佩饰、玉璧等
6	4100~3900	齐家文化	黄河上游	甘肃中部、内蒙古西北等地	佩饰、玉璧等
7	5200~4200	良渚文化	长江下游	太湖地区	玉琮、玉璧、佩饰、工具等、
8	6000~5400	大溪文化	长江中游	湖北、湖南重庆巫山等地	佩饰、玉璧等
9	5000~4000	石峡文化	东南地区	广东地区	佩饰、玉璧、玉琮等
10	5300~2300	卑南文化	台湾地区	台湾东部	玉环、佩饰、玉璧、锛凿等

另外，在闻名于世的黄河中游（关中、河南、山西南部、河北西南、甘肃东南）的仰韶文化、长江下游（杭州湾南岸宁绍平原）的河姆渡文化等文

化遗址中，发现了许多玉琮、玉人、玉佩等古玉器，但是其中没有玉璧，所以未编入表6-1中。

新石器时代的玉璧具有一种古朴、抽象的风格，体现出一种原始性意识的艺术感应，抽象性、虚幻性与写实性互相交织，有着十分浓厚的神秘色彩。在新石器时期出土的诸多玉璧中，以良渚文化和红山文化遗址中的玉璧最为典型，台湾卑南文化遗址中的玉璧也很有特色。新石器时期玉璧的材质以透闪石青玉、黄玉、蛇纹石玉、蛇纹石化大理岩为多见。

1.良渚文化玉璧形制特征

良渚文化是我国长江下游太湖流域一支重要的古文明。是铜石并用的时代文化，因发现于浙江余杭良渚镇而得名，距今5250~4150年，于1936年被发现。经半个多世纪的调查和发掘，初步查明遗址分布于太湖地区。在余杭市良渚、安溪、瓶窑三个镇地域内，分布着以莫角山遗址为核心的50余处良渚文化遗址，有村落、墓地、祭坛等各种遗存，具有非常丰富的内涵。良渚文化时期的玉器非常丰富，种类有珠、管、璧、璜、琮、蝉等。良渚文化被发现的玉璧数量很多，如浙江余杭反山墓地就出土了125件玉璧，其中第23号墓中的玉璧多达54件。

余杭反山23号墓玉璧放置情况

良渚文化玉璧外缘薄，内缘厚，沁色多为雾状的灰白色。玉璧为素面，无装纹，质朴。造型简练，玉质以和田玉中的青玉居多，少量为黄玉。

和
氏
璧
解
谜

这一时期的玉璧形制不太规整，或外周不甚圆，有的几乎近似方形，或璧体厚薄不均，璧面不平，打磨粗糙，光泽度差。有的留有切割痕迹，或者璧孔打偏，孔边有斜坡。良渚文化素面玉璧所使用的材料是产自当地的透闪石玉，其质地、颜色、光泽等不同于红山文化素面玉璧通常采用的岫岩蛇纹石玉料、商代素面玉璧采用的和田玉料。

2. 红山文化玉璧形制特征

红山文化是距今 6000~5000 年，在燕山以北、大凌河与西辽河上游流域活动的众多部落所形成的农业文化。因最早发现于内蒙古自治区赤峰市郊的红山后遗址而得名。

红山（蒙语：乌兰哈达）文化主要分布在内蒙古老哈河流域和辽宁省辽西地区：以辽河流域中辽河支流西拉木伦河、老哈河、大凌河为中心，分布面积达 20 万平方千米，延续时间达两千多年。红山文化的经济形态以农业为主，兼以牧、渔、猎。红山文化有独具特征的彩陶与之字形纹陶器，并有着新石器时代文化的典型特征。红山文化遗址中出土的石器、陶器、玉器很多，其中的玉璧极有特色，玉璧有方圆形玉璧、二联璧、三联璧。这种类型的玉璧一直延续到战国乃至汉代都有制作。

右图是辽宁阜新县胡头沟墓出土的三联璧，材质为岫岩蛇纹石玉，造型精致，高 6.4 厘米，宽 3.1 厘米，薄形件，显然，三联璧是一种装饰用系璧。

在我国台湾的台北故宫博物院里，

三联璧

收藏有胡头沟出土的两个三联璧。此外，黑龙江省的亚布力也出土过三联璧。

红山文化玉璧尺寸较小，素面，造型简洁而质朴，着重于大面积的抛光，璧身都有厚薄的变化，玉璧多为黄绿色、青绿色和淡绿色的蛇纹石玉——岫玉。红山文化玉璧肉的边缘呈薄刃状，天然沁较轻，沁色也较少，仅有红褐色、水锈和灰黑等色。红山文化与良渚文化相映生辉，共同写下了新石器时代玉璧的光辉一页。

总之，新石器时代的玉璧造型简约、抽象，线条简练，璧面平整或平滑，风格古拙。这一时期的独特风格，不完全是因为技术上的原始和落后所造成，而是因为人们崇尚一种质朴的精神，从而较大程度地发挥玉质的自然特性，从而表达人与神沟通的美好愿望，以求得心灵上的慰藉和思想上的解脱。

3. 卑南文化玉璧形制特征

据古地质学家考证，在 100 多万年前，台湾地区完全和祖国大陆相连，后因地壳运动，海峡陆桥沉陷，才使得台湾成为孤悬于南海的一大岛屿。

卑南文化出现于新石器时代晚期，遗址位于台东县卑南四的东南山麓，是台湾地区迄今所知范围最大、文化遗存最丰富、最有特色的新石器时代文化遗址。卑南文化在距今约 3400 年的时候，就已发展成为中国东南地区最为独特的一支玉器文化，其精美的玉器，不仅成为台湾新石器时代玉器文化的典型代表，而且与大陆很多地区的玉器文化同样重要。

卑南文化遗址

卑南玉器的材料多为绿色台湾玉（绿至中度黄绿的闪石玉，属软玉之一），或蛇纹石玉。产地在台东的花莲、丰田一带。

卑南玉器的式样繁多、造型奇特，以人兽合一和九孔连环兽的耳饰造型最为突出。卑南玉器堪称人类艺术的奇迹。玉器的种类包括耳饰、胸饰、头

卑南玉器

饰、臂腕饰、工具、武器等。玉质耳饰的基本造型为有窄长缺口的圆环形，但有一系列变化多端的式样，这些式样包括长方形、鱼形、有角式、两翼式、人兽合一形和九孔连环多兽形等。除长方形耳饰是单独一件外，其他耳饰基本上成对出现。胸饰类包括各种式样的玉管、玉棒和管珠。头饰类可分玉铃及柳叶形玉饰两种，玉铃的外形与今日的铜铃相仿，但其体积细小如豆。手环造型有环式和喇叭式两种，这些玉环的环体宽而薄，多为单独一件使用。

卑南文化遗址中有两种玉饰极为罕见，一为玉璧，呈圆形，孔径较大，形制朴质简练；另一种是纽扣形玉饰，形似现在的双眼纽扣，呈薄片状，但外环并非正圆，据考古学家推测为项饰。

卑南玉器作为生命礼仪的圣物，是一种追求灵魂信仰的载体，玉器显示主人具有的地位是永恒的。而这种永恒的地位被认为是神灵所赋予的，他们和所信仰的神灵之间沟通的媒介，就是玉璧一类玉器。

二、夏、商、周时期玉璧形制及其特征

夏朝是中国第一个奴隶制社会，由尊号"禹"（大禹）、姓名"姒文命"于公元前2205年建立。夏王朝共19任君王，建国时期为公元前2205至公元前1766年，立国440余年。夏朝建都于今山西省的夏县，疆域在河南省、山西省南部一带。

夏代出土的文物资料很少，但随着考古工作的不断发掘，夏代文明以及夏代的玉文化也将不断地被展示出来。既然远在夏代以前就已经有了玉璧，那么，作为一种文化的传承，我们可以推断：夏代玉璧的风格，应是红山文化、良渚文化、龙山文化等玉器风格向殷商玉器的过渡形态。

商朝灭夏由尊号为"成汤"、姓名为"子天乙"的君王建立。商王朝共

31 任君王，建国时期为公元前 1783—前 1122 年，立国 662 年。商朝建都于河南商丘，疆域在黄河中游一带。

周朝灭商，由周武王姬发（周文王姬昌之子）建立王朝。周王朝共 40 任君王，建国时期为公元前 1134—前 256 年，立国时间很长，为 879 年，先后在西安（长安）、洛阳建都，疆域在黄河流域一带。

夏、商玉璧不多见，其造型和工艺特征亦不太明显，但晚商至西周为玉璧的发展时期，玉璧成为贵族专用的礼器。这时期的玉璧尺寸小于新石器时代，大多为圆形，璧面平滑，厚度均匀，外缘边棱为圆角，璧孔两面对钻，一般很规整，表现出较高的工艺水平。商代玉璧多为素面；西周大璧为素面，小璧则有雕琢精美的纹饰。

商代文明不仅以庄重典雅的青铜器为标志，也以众多的玉器而著称于世。关于玉璧，较典型的有河南殷墟妇好墓出土的、带有弦纹的璧。此璧孔周两面凸起，因此被专家称为"凸缘璧"，璧面常琢有同心圆刻线，璧两面饰以三组同心圆线，每组由 2~4 条阴线构成，线条流畅规范，璧孔留有管状形成的台

殷墟妇好墓凸缘璧

阶痕，直径 11.4 厘米，孔径 5.7 厘米，孔璧高 1.4 厘米，厚 0.2~0.3 厘米。

商代玉器分早、中、晚三个时期。为了满足奴隶主对玉器的需求，商代晚期玉器制作水平不断提高，制玉业的规模不断扩大，工艺水平也较为精良。在三星堆晚商祭祀坑中，曾经出土了近一米长的大璋和直径达 80 厘米以上的璧。根据史料记载，商代晚期玉器的数量已经相当可观。传说殷纣王携带了 4000 多件玉器自焚，周武王打进其都城朝歌时，在其宫中得到了上百万件玉器。

商代在玉雕工艺方面有了进展，玉匠应用双勾线，即双勾线并列的阴线

条，使一条阳线呈现在两条阴线之只，消除了单调的感觉，增强了图案、花纹或线条的立体感。商代晚期常使用勾云纹、鳞纹、龙纹、兽面纹来表现玉器的风格。晚商玉器、玉璧的主要特征如下。

（1）玉器、玉璧的造型和雕刻工艺在全国趋向一致。

（2）板状玉雕的比例大，玉璧便是主要的板状玉器之一。

龙纹璧

（3）玉器的材料多样化，主要有软玉（和田玉）、蛇纹石玉（岫玉）、独山玉（南阳玉）和石英岩玉等。

（4）玉雕工艺，如开料、切削、勾线、浮雕、钻孔及抛光等方面均达到了较高的水平。

（5）各种雕刻方法大量出现，如圆雕、透雕、浮雕等。据记载，晚商时期首次出现了圆雕和俏色艺术。

（6）商代玉龙的造型成为中国传统龙的雏形，其形象特征是龙身短小粗壮，呈圆柱体或片状体，浑厚简朴。龙分为有角和无脚两类，龙身纹饰简单，仅仅以阴线刻云纹、鳞纹或斜套方格纹，这样的形象在以后的玉璧中常有出现。

周朝早期的玉器风格与商代玉器的特点基本一致，既有素面璧，也有纹饰璧。周朝早期还出现了玉璧"出廓"的苗头，但中期时开始变化，逐步形成了独特的风格。西周是玉璧大量使用的时期，这一时期制作璧的玉料，绝大多数是新疆的和田玉，直径虽然较前期增大，少数几近 30 厘米，但一般很薄，最薄者仅有 0.2 厘米。西周玉璧纹饰精美，主要工艺手法有阴线双勾、剔底阴纹、浮雕、镂雕等，题材主要是龙、凤、虎、牛、蝉、鸟纹和涡纹。璧面纹饰常为宽细阴线结合，宽阴线斜挖成一面坡形状，纹饰线条自然流畅、柔美。

在中国历史上，西周非常重视礼制的建立，由于礼制的建立和完善，促进了礼仪玉器的发展。而礼器以外的玉器，无论是种类和数量，较之商代都有所减少。在《周礼》中，对礼仪用玉的形状、颜色都有严格的规定，如以玉作六器，以礼天地四方，其中璧——苍璧首次被明确规定是用来礼天的，而且是排在"六器"之首；而对玉器的使用采用"六瑞"的规定："王执镇圭，侯执信圭，伯执躬圭，子执谷璧，男执蒲璧"，即六种地位不同的官员，在某种场合使用不同的玉器，以区分等级地位，官员所执礼器的形状、色泽、大小都有差别。不难发现，在"六瑞"中，璧却被排在了最后。可见，在"和氏璧"问世之前，璧的价值并不一定很高。由于"和氏璧"的特殊经历，才使中国人普遍地认为璧具有极高的价值。

周代的玉璧已偏重于把玩和欣赏，在雕琢上采用片状平面体为主，纹饰环曲华丽，刻线委婉流畅，布局严谨，风格典雅。如图中所示的周代镂雕云纹螭玉璧，是没有角的龙。在四川广汉地区，发现了约为西周后期或东周前期的遗址，出土了由灰黑色沉积岩（灰黑色的石头）制成的石璧，其中有一组大小成套的石璧，最大的外径为 70.5 厘米，孔径为 19 厘米，厚度为 6.8 厘米，有些像计量重量的砝码，但专家认为其作为计量砝码的证据不足，所以对此不宜过早地下结论。

周代镂雕云纹螭玉璧

西周玉器、玉璧与商代玉器、玉璧相比较，风格华丽、委婉、典雅，规矩有余，而活泼、简练不如商代，这与西周严格的礼仪、宗法制度有很大的关系。西周玉器的数量虽然不太多，但纹饰则更加丰富，而且趋于图案化、抽象化。

西周双虎纹玉瑗（外径 16.1 厘米，孔径 6 厘米，厚 0.4 厘米）

在西周的玉器中，新出现了凤鸟纹，玉器的造型趋于写实，这在西周的玉璧上也有所体现。

三、春秋早期玉璧形制及其特征

春秋早期是奴隶社会开始向封建社会转化的初始过渡时期，在政治、文化、军事、经济上，各诸侯开始争霸，反映在玉雕艺术上则绚丽多姿。我们在玉璧艺术上可以感受当时社会的思想、文化等氛围。有学者认为，我国春秋战国时期的玉雕成就，可与当时的希腊、罗马石雕艺术相媲美。春秋早期，玉雕艺术就开始展现出承上启下的演变趋势，一方面继承了周王朝的玉雕艺术基础，另一方面传递、包含了新时代、新思想的风格和信息。

春秋早期的玉璧，不少专家都认为，可以河南信阳地区光山县黄君孟夫妇墓出土的玉璧为代表，该玉璧的外径、孔径和厚度分别为 11.6 厘米、6 厘米、0.25 厘米，玉质呈黑色，璧上最具特色的是，其正面刻有繁密而严整的"蟠虺纹"。蟠，盘曲之意；虺（huǐ），古代传说的一种毒蛇或灵蛇。

"蟠虺纹"代表着这一时期玉器表面流行的纹饰。细看，似乎可见，在"蟠虺"之中，有小鸟十余只，而鸟与蛇在大自然中是天敌，这样的纹

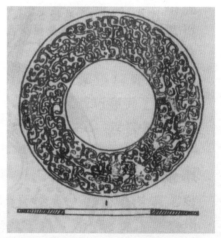

河南光山县黄君孟夫妇墓出土玉璧

饰有何寓意，有待再进行分析。

玉璧的纹饰对称、严密、富丽，也是这一时期玉璧的特点。如夔龙纹玉瑗，很有特点。

陕西是秦国的故地。秦地人文荟萃，奇迹频现，遗风千古。陕西地区春秋时期的璧有大型玉璧和系璧两种。其纹饰很有特色，大型玉璧由数条绳索纹，将璧面分为四圈，圈内有若干纹饰。有学者认为是"勾连云雷纹"，也有专家认为是"龙纹"，而笔者认为，秦人尚武，喜威猛、肃杀，此玉璧上的纹饰，是典型的雷纹。

小型玉璧饰有极其简略的雷纹或"S"纹。有人认为小型玉璧饰纹粗率，可以看出当时秦文化还远远落后于中原文化。这当然有一定道理，但是从另一个角度思考，也可以看出当时秦人简约、直率、务实的思维特点和行为方式。

春秋早期的玉璧由于各区域文化、风土人情和生活习俗的不同而风格各异：或华丽、精细，或庄严、凝重，饰纹或简约，或缜密，反映出那个时代的精神风貌。

春秋早期玉璧的材质以新疆昆仑山所产的透闪石白玉、青白玉、碧玉、

夔龙纹玉璧（春秋早期）
外径 14 厘米，厚 0.3 厘米，河南出土

春秋时期的秦璧（4件）
①外径 29.7 厘米，孔径 5.94 厘米，厚 0.9
厘米，②③④外径 2.3 ~ 3.6 厘米，厚
0.3 ~ 0.5 厘米，中心有小孔

墨玉为多，偶见蛇纹石玉。

春秋玉器是西周玉器的延续和发展。早期仍善用双阴线表达图纹，在装饰上则进一步强化了西周晚期出现的龙纹图样。细小变形且纠集在一起的众多龙纹，经常出现在主体造型内，布局繁密，几乎不留余地，通体满饰变形的龙纹，上下交错，左右呼应。这种独特的双阴线工艺及"形中有形"的装饰手法，在春秋早期玉器中极为流行，可谓春秋早期玉器的一大特色。春秋中期以后，这种繁密的阴刻装饰线纹逐渐变得稀疏，并多以较宽的斜刀进行雕琢。到了晚期，线刻工艺逐渐减少，代之而兴的是浅浮雕技法的盛行。不但工艺精细，琢磨光润，而且由于采用了浅浮雕技法和更加抽象简化的龙纹图案，使繁密的画面，通过高低起伏和有序的布局，更富有一种寓意深远的立体效果，增加了一定的神秘色彩。

四、春秋后期和战国时期玉璧形制及特征

春秋时期以来，诸侯割据，诸侯国之间战争不断，以强凌弱，以众暴寡，互相兼并，到了战国时期只剩下齐、楚、燕、韩、赵、魏、秦七个主要的强国，史称"战国七雄"。这一时期虽然是一个分裂割据的战乱时代，但是社会的经济文化还是在不断发展，频繁、广泛地经济文化交流使西秦、东齐、南楚、三晋之间的联系更加密切，这样的社会氛围也使玉文化和玉艺术走向了辉煌。世人皆知的和氏璧，就诞生于这一特殊的历史时期。

夔龙纹出脊式玉瑗
（春秋晚期）
和田白玉，外径 11.8 厘米，
厚 0.4 厘米，河南省淅川下
寺楚墓出土

春秋后期和战国时期，玉璧上繁密的夔龙纹、蟠虺纹、云雷纹逐渐演变为"谷纹""蒲纹"。"谷纹璧"，带有成排小乳凸，在乳凸上又常琢有旋涡纹，好似新出壳的谷芽；"蒲纹璧"，带有很浅的菱形（平行四边形）格纹，这种纹饰就

像编织的蒲席；此时期，制玉工艺先进，用料非常讲究，玉璧很薄，通常厚度在 0.5 厘米左右，玉璧的直径在 5~20 厘米。增加美感、代表信誉、象征地位、显示财富的"系璧"，开始出现。

这一时期的玉璧不仅非常精美，而且出现了镂空玉璧和真正意义上的出廓玉璧等创新制作。有的谷璧、蒲璧的内孔，或外缘还附有雕刻的龙、凤、蟠、虎等动物形象的纹饰。在玉璧的外缘雕刻出动物等形象的璧，人们称之为"出廓玉璧"，由于内外花饰相映成趣，使玉璧更显高贵。

故宫博物院收藏的战国时期的白玉单螭双凤出廓玉璧，此璧采用新疆和田白玉制成，其直径为 14.4 厘米，厚度为 0.3 厘米。玉璧的浅浮雕排列整齐，孔内有一螭龙，内、外边缘凸起，璧外对称镂雕两只凤鸟，整体造型疏密得体，和谐匀称，琢磨精致，光亮润泽，具有很高的观赏价值和工艺价值。战国时期的碧玉螭虎双瑗复合璧，藏于美国纳尔逊美术馆，璧的最高处达 21.6 厘米，在璧的外侧两处，非对称性的各有一镂刻虎，廓内刻有一条螭龙，作弯曲起伏、乘云腾飞状。螭虎形象生动，而极富神韵。此玉璧构思独到，设计精妙，颇具匠心，其工艺雕刻水平之高超，可谓巧夺天工。

在春秋和战国时期，产自新疆昆仑山、天山和阿尔金山区域的和田玉大

夔龙谷纹镂空玉璧（战国时期）

出廓玉璧

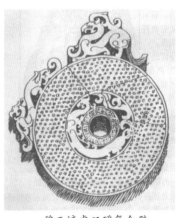

碧玉螭虎双瑗复合璧

量输入中原，各诸侯王室竞相选用和田玉料制作玉器，这一时期许多精美的玉璧材质多为和田玉。有人推测，卞和在湖北荆山所抱的璞玉，就是带皮的和田玉。这一时期玉文化在理论上有了新的、重要的充实和发展：儒生们把礼学与和田玉的质地、光泽、硬度、颜色和声音等性质结合起来研究，把和田玉作为儒学的体现和儒家精神的载体。为使人们喜爱和田玉，提高玉的价值和作用，创造性地将儒学崇尚的仁、智、义、勇、信等传统的道德观念，一一与和田玉玉质所表现出的各种特点相联系。之后，"君子比德于玉"，玉有五德、七德、九德、十一德等学说不断提出，这是中国人几千年爱玉风尚的精神支柱，是中国玉文化的重要内容，也是中国玉雕艺术历尽沧海桑田，至今仍盛传不衰的基础。

和田玉仔料

和田玉仔料的另外一面

春秋后期玉璧的特征主要为：玉璧由礼器开始转变为配饰，转变为玩赏物，在制玉的原料中，和田玉占了相当大的比例。春秋后期素面玉璧已经很少见，卷云纹璧，蟠虺纹璧多见。春秋期时期玉璧的尺寸较小。通常，外径为 3.6~6.3 厘米，孔径为 1.4~2.1 厘米，厚度为 0.4~0.65 厘米。玉璧中的龙多似蛇形，制作工艺从平面向浮雕发展，纹饰排列严整，镂空、透雕技术已经较为精湛；战国时期的玉璧较春秋时期无论是在形制、设计、表达方式和制作水平等方面都有了明显的创新和提高，观赏性进一步加强，制璧的原料仍然以和田玉中的青玉、白玉为多。

战国时期，有地位的人已基本不使用素面玉璧，谷纹璧、云纹璧、镂空玉璧、出廓玉璧多见。这一时期较为典型的玉璧有双螭出廓谷纹璧、银鎏金兽面镂空玉璧、镂雕夔龙玉璧、兽面谷纹玉璧、出廓双凤谷纹璧。

也许是受和氏璧传奇经历的刺激和高昂价值的鼓舞，战国时期玉璧美不胜收，

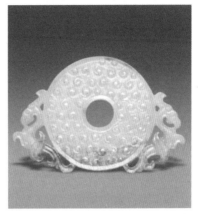

双螭出廓谷纹璧

银鎏金兽面镂空玉璧

镂雕夔龙玉璧

兽面谷纹玉璧

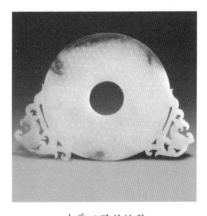

出廓双凤谷纹璧

其中的精品，可能不亚于和氏璧（只是因为没有传奇经历和特殊的人文、政治等背景）。战国时期玉璧上的纹饰除谷纹、云纹外，蒲纹、兽纹、龙纹、一首双身兽纹、鸟纹等纹饰也很常见。由于工具和工艺的进步，出现了被玉雕界称之为"游丝描"的细线纹。根据考古发掘过程中专家的观察，在一些扁平玉器边缘，包括玉璧的边缘，常有刻线细而利、走势扭曲委婉的刻迹。战国时期玉璧的尺寸经过统计，通常外径为 4.8~12.8 厘米，孔径为 2.3~4.1 厘米，厚度为 0.4~1.0 厘米。

春秋后期和战国时期玉璧的材质以和田白玉、青白玉、碧玉、墨玉等为多见。

五、秦、汉时期玉璧的形制及其特征

应该指出，在此所提的秦汉时期，指的是秦和汉时期，我们所介绍的秦代时期的玉璧，不是前面所提的春秋和战国时期的秦国玉璧，二者从概念上有必要加以区别。

1. 秦代玉璧概述

秦是我国第一个统一的封建专制的国家，秦代留下许多举世闻名的人类奇观，如万里长城、兵马俑等，但目前出土的秦代玉器少而又少，秦代的玉璧非常罕见。只是在咸阳宫遗址（又一说是在阿房宫遗址）中出土过一套"六玉"器具，其中有两件素面璧，因毫无特点可考，这两件玉

秦始皇兵马俑

璧到底是秦代的器物？还是秦代以前的器物？专家们有着不同的意见。对此，我们有几种推想或解释。第一，因为秦代历史短暂，仅有短短十多年的时间，秦代玉器数量当然很少。第二，秦代在历史上处于一个统一——动乱——再统一的特殊过渡阶段，考古上很难将秦玉（秦璧）与前期的玉器、玉璧区分清楚。第三，按当时的历史情况和秦始皇的举措来看，秦始皇更多的精力是放在诸如修建长城、修建秦陵、建造阿房宫、北击匈奴、统一文字、统一度量衡、平定百越、焚书坑儒、熔铸九州兵器、泰山封禅、巡游天下、寻求长生不老之药等事情上。国家初定，万事有待整理，人民还根本未得到安居乐业、甚至喘息的机会，国家还没有时间和精力用在对玉雕艺术的研究、继承和发展上。第四，对于宫廷中的玉匠和文物管理机构来说，其紧要任务是雕琢一些为国家政治服务的器物（如"授命于天、既寿永昌"或"受天之命、皇帝寿昌"一类玉玺、玉印、玉章），对从六国掠夺过来的大量的金银玉器等奇珍异宝进行归类、统计、造册、收藏，而不可能有较多时间来进行玉器艺术的创作和创造。第五，秦代有玉器、玉璧的问世，但秦代的政策，无论在物质、思想等各个方面，都施行严格、严厉的高度集中的管理和管制，所以绝大多数人不可能占有或拥有秦代的玉器，秦代的玉器和玉璧可能集中于秦陵之中，或毁于以后的战乱。

根据在陕西地区出土的春秋时期的秦国玉璧及秦朝时期的玉璧的形制及纹饰特征，可从一个侧面反映出秦文化崇尚简单、简略的思维和观念；当然，秦璧形制及纹饰的单调和粗糙，也可反映出当时秦文化落后于楚文化和中原文化。

2. 汉代玉璧概述

秦之后，汉代在玉器、玉璧方面全面继承了春秋和战国时期玉雕的风格和精华、并在此基础上有许多发展，从而形成了中国玉器、玉璧和玉文化的基本格局。汉代制玉非常重视玉料的选择，玉雕界普遍崇尚和田白玉、青玉、碧玉，以白玉的价值为尊。汉代玉璧的形体加大，有的直径达 30 厘米甚至 50 厘米。玉璧上的谷纹颗粒稀疏、浑圆。玉璧边缘加宽，立缘剖面呈方形，明显不同于战国时的三角形立缘。此时期组合纹饰流行，有的还饰以吉祥文字。到了东汉时期，璧体加厚，但璧厚尺寸仍薄，外缘立面略有弧度，但数量渐少。

汉代玉璧既有端庄、雄浑豪迈的风格特征，如螭龙穿云玉璧、乳丁双螭玉璧、谷纹双龙出廓玉璧、兽首衔接谷纹玉璧；也有古朴、厚重的特征，如龙身凤首青玉璧、乳钉纹玉璧、菱格乳丁纹玉璧、夔龙乳丁纹玉璧；还有清逸脱俗、自由奔放、气势昂扬的风格特征，如九龙玉璧，透雕凤纹出廓玉瑗；更有独出心裁、别具风格的镂雕阴刻双龙三环玉璧、凤鸟双连玉璧、螭纹出廓玉璧等。

汉代玉璧在造型、雕琢、镶嵌等方面都有重大发展。构图既打破对称的

螭龙穿云玉璧

乳丁双螭玉璧

谷纹双龙出廓玉璧

兽首衔接谷纹玉璧

龙身凤首青玉璧

乳钉纹玉璧

菱格乳丁纹玉璧

夔龙乳丁纹玉璧

九龙玉璧（正面）

九龙玉璧（背面）

透雕凤纹出廓玉瑗

镂雕阴刻双龙三环玉璧

凤鸟双连玉璧

螭纹出廓玉璧

和氏璧解谜

格局，也成功地运用了均衡规律，取得了灵动和庄重的效果。在雕琢手法上，汉人琢玉，妙在双钩，碾法宛转流动，疏密有致，交接连贯，严若游丝，毫无滞迹。汉代玉璧中的龙、凤等图案，设计想象丰富、造型瑰丽，集镂雕与阴刻、浮雕与阴刻手法于一体，琢刻精湛，勾勒之线条纤细优美，画面舒畅大方，其中隐起和镂空技艺非常娴熟。专家认为粗细线条并用是汉代玉雕的特征，由阴刻线演变成游丝毛雕，是汉代玉雕的重要标志。

汉代玉璧从纹饰上分，主要分为几何装饰图纹璧和动物纹璧。几何装饰纹有谷纹、蒲纹、涡纹、云纹、乳丁纹、云雷纹、游丝纹等；动物纹有龙纹、凤纹、兽面纹。从形式和内容上分，主要分为3类：①常规玉璧——璧两侧密布谷纹、蒲纹、乳丁纹等几何图纹的玉璧；②组合纹璧——璧上除有谷纹、蒲纹等纹饰外，还有以丝束纹为界，加一圈相互缠绕的兽面纹玉璧；③出廓玉璧——出廓部分多为龙凤、螭或吉祥文字等造型。在出廓玉璧中，河北满城西汉中山靖王刘胜墓出土的透雕双龙卷云纹出廓白玉璧，外径13.4厘米，高达25.5厘米，玉料大、玉质佳，璧两面布满谷纹，出廓部分透雕着对称分布、曲身相背而立的双龙，双龙昂扬挺拔，张口露齿，其顶端透雕着云纹，显得气势雄伟，庄严而华丽，是汉代玉璧中少有的精品。另外，由于道家思想的影响，汉代出现了以驱邪镇凶为主题的玉雕作品，这一特点反映在玉璧的制作上，如兽首衔接谷纹玉璧，就是一典型的例子。

汉代玉璧的材质以和田白玉、青白玉、黄玉、碧玉为多见，亦有玛瑙、蛇纹石玉等。

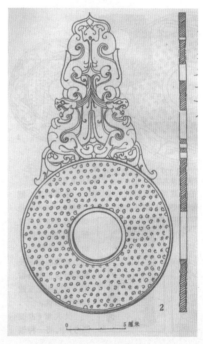

透雕双龙卷云纹出廓白玉璧

综上所述，秦代玉璧还有待于考古界的新发掘、新发现，汉代的玉璧，数量大、形式多、玉质好、工艺精，在中国玉璧史上占有极重要的位置，除和氏璧外，汉代玉璧在形式、风格、内容、玉质等方面均达到了新的高峰。

六、魏晋南北朝时期玉璧的形制及特征

魏晋南北朝时期（公元220—581年），是中国历史上政权更迭最为频繁的时期。"魏"指的是三国里的曹魏，"晋"主要指的是司马氏所建的西晋与东晋（北方是"五胡十六国"时代），"南北朝"则指当时南北对峙的几个朝代，南方包括宋、齐、梁、陈四朝，北方则有北魏、东魏、西魏、北齐、北周及最后统一全国的隋朝。

魏晋时期螭龙纹玉佩

由于连绵不断的战争和长期的封建地方割据，使魏晋南北朝时期中国的经济、文化的发展受到特别的影响。在文化方面，突出表现为佛教的输入、玄学的兴起、道教的勃兴及波斯、希腊文化的融入。在从魏至隋的300多年间，以及在30余个大小王朝交替兴灭过程中，由于动乱因素，社会的生产力遭到极大破坏，玉雕业受到几乎是毁灭性地冲击。在各种新思想、新文化因素的互相影响、交相渗透下，中国礼玉文化受到强烈冲击，玉器制作由两汉的高峰跌落下来。

历史学家和玉文化学家一致认为，魏晋南北朝是中国玉器发展史上的一段低潮

玉螭纹牒（魏晋时期）

期。由于生产力低下，玉雕业凋敝，这一时期的玉器数量少，工艺不精，品种不多，新品缺乏。同时，这一时期普遍倡导简葬，所以魏晋南北朝时期的玉器很少。考古活动主要在江苏南京、山西太原、陕西西安和咸阳、河南洛阳、河北吴桥、江西南昌、湖北的宜昌和汉阳、湖南安乡等地的有关区域发掘出此时期的玉器，但未有玉璧发现。2009年12月，考古工作者发现了河南省安阳县安丰乡西高穴村的曹操墓(高陵)，在出土的250余件文物中，有铜带钩、铁甲、铁剑、铁镞、玉珠、水晶珠、玛瑙珠、石圭、石璧、石枕、刻铭石牌、陶俑等器物。

从发掘出的此时期的玉器来看，作品绝大多数是沿袭战国至两汉的风格和样式。古玉专家推测，这一时期墓葬出土的玉璧，很可能是汉代遗传至此时期而被埋入地下的。

魏晋南北朝时期玉璧的材质：因相关资料很少，暂时无法确定。

七、隋唐五代时期玉璧的形制及特征

隋唐五代时期包括隋朝（公元581—618年）、唐朝（公元618—907年）和五代（后梁、后唐、后晋、后汉、后周，公元907—960年）三个历史阶段共379年。

对于隋唐五代时期的玉器的评价，有两种不同的观点，一种观点认为这一时期玉器的风格是衰落与仿古；另一种观点认为这一时期玉器的风格是从衰败中复苏。

1. 隋代玉器及玉璧

隋代是经魏晋南北朝大分裂和大变革后统一的王朝，其历史较短。这个时期的玉器在数量方面相对少，虽然隋代的玉雕形制大多数接近前代的风格和手法，但在玉器的品种和用料等方面出现了差异。

即便是在数十年前，人们对隋代玉器还知之甚少。近期，随着对隋代玉器考古发掘的深入才渐为人们所了解，如新出现的玉铲形佩、玉双股钗、玉

嵌金口杯和玉兔等。其中
的玉嵌金口杯，杯高 4.1 厘
米，口径 5.6 厘米，口缘包
以黄金，眼质为和田白玉。
器形端正大方，做工精致，
风格高贵典雅，堪称金玉
合作的典范，是迄今所见
金玉镶嵌的最早器皿之一。
无论是前代已有的形制或
新出现的玉器，其用料和局

隋代玉嵌金口杯

部结构形式等方面都有了改变。值得注意的是，隋代玉器大多数用优质和田
青白玉制作，说明和田玉的价值仍然得到高度认同。

在隋代玉器中，尚未发现在世或出土的玉璧。

2. 唐代玉器及玉璧

唐帝国时期，社会实现了大统一，经济从复兴至昌盛，东西方文化密切
往来、交流和融会，唐代玉器除所用玉料和制作方法与战国秦汉相似外，它
着重向着写实方向变化和发展，在很大程度上摆脱了商周至汉代残存的古拙
遗风的图案化、程式的影响，其品种式样几乎是全新的。即使名称仍如前期，
形式却各不相同，用途也较务实，多数与实用和佩戴有关，礼器和盛极一时
的葬玉几乎消失。所见到的主要有作佩饰用的玉簪、玉梳、玉镯、玉带板、
玉人（神仙、佛等）以及玉杯等实用器具，且数量明显增加。

唐代玉器中的人神仙佛、动物造型及植物图饰（玉器上首次出现了植物纹
图）等，也进入全新的发展和变化期，其形式之多为前所未见，反映了当时
中国与西域文化交流和人员往来的繁荣昌盛景象。

唐代的玉璧不多见，但制作和刻纹的表现手法有很大的发展变化，其中
以整体图案隐起（又称挖地或剔地阳纹），再在其上刻阴线、局部细纹尤为

61

突出。如云龙戏珠玉璧图所示阴线，用一道砣纹完成者多，具平行或放射短条状，细密而富有时代特征，是典型的唐代玉雕风格，给人一种近观景物的效果。

3. 五代玉器及玉璧

五代在中国历史上是一个时间较短并处于动乱的时期，此期玉器与其他动乱朝代一样，也进入了一次衰败期。五代时期玉器不多，造型大多为唐代玉器的延续，但一些地方仍有或多或少的玉器发现，在玉器发展史中也占有重要的地位。

五代玉璧数量极少，尚未发现五代时期的玉璧出土。

隋唐时期玉璧的材质仍以和田白玉、青白玉、黄玉、碧玉为多见。

唐代镶金玉镯

唐代云龙戏珠玉璧

八、宋、元时期玉璧的形制及特征

宋、元时期是中国玉器发展史中的辉煌时期，宋、元两个朝代玉雕艺术都达到了新的高峰。

1. 宋代玉璧

宋（公元 960—1279 年），分为北宋和南宋两个时期。北宋时期经济、文化发达，政治强盛；南宋国势渐衰，受到辽金少数民族国家的侵扰，处于相对分裂的状态。

宋代是玉器发展的重要阶段。宋代玉器承先启后，玉器图案层次丰富，形神兼备，有浓厚绘画风格，完成了由唐玉偏重工艺性、雕塑性向宋玉偏重绘画性、艺术性的转变。皇家用玉在宋代增加了许多，衣有玉束带、玉佩，车有玉辂，乐有玉磬，祀有玉圭、玉册、玉璧。宫廷内设有玉作，玉料由西域诸国进贡。

宋代玉器的"礼"性减少，"玩"味增加，其风格更接近现实生活而趋于世俗化，构图方面一改前代玉器以稳定的几何形体为主的造型风格，使玉雕的造型艺术前进了一大步。在宋代，民间用玉明显多于前朝，皇家、官僚及民间均收藏古玉，因此伪造或仿造古玉成风。

宋王朝尤其重视璧的使用，沿用了古代的用璧制度，并制造了大量玉璧。玉璧之中，又以苍璧为多，宋代苍璧用于"祈谷"之举。祈谷是帝主祭祀谷神，祈祷丰收的典礼，使用玉璧是表示对上天的敬意。宋代注重用好玉制造玉璧，宋代所用的苍璧多为本朝制造。

除苍璧外，宋代制造的玉器中还有其他类型的璧，如谷纹璧等，这一类玉璧在宋代已受到人们的重视，存在着仿制的可能。传世玉器中有一些玉璧带有明显的宋代风格特征，下列玉璧可作为宋代玉璧的代表作品。

黄玉兽面纹璧，外径 8.2 厘米，孔径 3.5 厘米，玉璧表面的纹饰精致、规整、典雅，对称性极好，具有明显的宋代玉璧装饰功能的特征。

黄玉夔龙纹璧，外径 14.5 厘米，孔径 4.8 厘米，璧面为夔龙、云纹和雷纹，纹饰非常精细、致密，内孔上刻有两个圆环，外径下刻有三个圆环。全部纹饰均用阴线表达，是宋代玉璧的典型风格。

和氏璧释谜

黄玉兽面纹璧

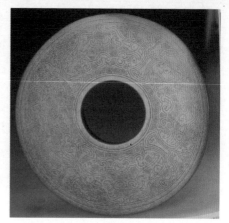
黄玉夔龙纹璧

宋仿古谷纹玉璧，外径 5.2 厘米，孔径 1.3 厘米，厚 1.2 厘米，材质为和田白玉，器形规整浑圆，雕刻精细，是宋代仿汉代风格的玉璧。

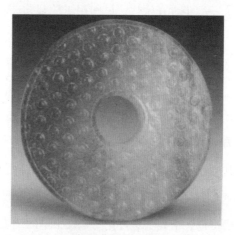
宋仿古谷纹玉璧

圭璧，二圭璧（两圭有邸），四圭璧（四圭有邸）源于《周礼》。宋代将其定为礼仪活动中使用的礼器。对两圭有邸，《宋史》中有记载："报社稷两圭有邸"；"神州，地祇，五岳以两圭有邸。"对四圭有邸，《宋史》中也有记载："明堂大享，苍璧及四圭有邸亦宜并用"。

龙圭璧（正面、背面）

2. 元代玉器及玉璧

元代玉器在继承宋、辽、金玉器风格的基础上，开始将中国玉器的发展推向了又一鼎盛时期。

一方面，元代玉器吸取了宋、辽、金的雕镂技艺，其浮雕技法应用得出神入化，玉雕作品更加世俗化、装饰化。元代玉雕件多为动物和花卉两大类，其中常见的两种玉挂件是"春水玉""秋山玉"。"春水玉"反映北方游牧民族的游猎生活，主要表现为鹘捕鹅的情景，鹘居鹅首，或鹘居雁首。还有一种为镂雕荷芦鹘攫鹅，天鹅、鹘、荷叶为一层，芦叶、荷梗、茨茹为另一层，首创"花下压花"玉雕手法。"秋山玉"表现北方少数民族射猎场面。其工艺特点是采取管钻镂空法，多向打孔，

凤飞花枝玉璧（元）

使作品出现多层次的效果。另一方面，由于蒙古民族的豪放个性和不羁性格，玉雕作品表现出雄浑、粗犷、壮阔等特征，这一风格的代表作为渎山大玉海。

渎山大玉海是一巨型酒器，堪称元代玉器中里程碑式的作品。是元世祖忽必烈在1265年令皇家玉工制成，意在反映元初版图之辽阔，国力之强盛。玉料取自河南省南阳（独山玉），现藏于北京北海公园团城承光殿前的玉瓮亭中，系用一整块黑质白章的巨型玉石雕琢而成。口呈椭圆形，中空，形体厚重古朴，口长182厘米、宽135厘米、腹深55厘米、重3500千克，玉海为中空椭圆体，周身雕刻波涛汹涌的大海，浪涛翻滚，漩涡激流，气势磅礴。在海涛之中，又有海龙、海猪、海马、海鹿、海犀、海螺等神化动物游戏其间，形象神奇，栩栩如生。大玉海的腹内刻有清代乾隆皇帝的御诗三首及序文，概括了这件巨型酒器的形状、花纹和来历。更难能可贵的是，该器不仅形体巨大，气度不凡，而且雕工极精，利用玉色的黑白变化来表达波浪的起伏、表现动物的眉目花斑，可谓匠心独运，技艺高超。

元代蒙古政权在意识形态中以尚武精神和实用主义为主，体现在玉器的制作和风格上，以满足民族、民间的需求为主要出发点。这一时期流行世俗化的花卉形饰物、动物形饰物，而作为传统玉礼器中的玉璧则很少。

渎山大玉海

这一时期的玉璧，如龙璧，材质为和田青玉，其造型及纹饰颇具蒙古民族的文化特色，璧呈椭圆形，厚薄不均，双面浅浮雕，龙的形状用镂雕表现。玉璧长径 6.6 厘米，短径 5.9 厘米，厚 0.5 厘米。

受礼器玉璧造型的影响，元代的玉带饰中有极象双璧相联的设计，如双璧活扣套环，材质为和田青白玉，蟠螭纹，工艺精湛，形态生动，极具动感，反映了元代玉器制作精巧的一面。

龙璧

双璧活扣套环

元代玉璧出土及博物馆收藏的极少，民间收藏相对多一些。故宫博物院收藏的一件元代玉璧，玉料为和田黄玉，雕工精湛，玉质润泽，一凤飞舞于花枝丛中，为元代玉璧中的上品。玉璧外径 10 厘米，内径 2.8 厘米，厚 0.5 厘米。

元代民间玉璧多仿前朝器形，一般器形厚重；大璧少，以小型系璧居多，供装饰用，多数只在一面雕纹饰，璧形厚重，谷粒稀疏，排列无规律，动物纹饰带有本朝的特点。但雕工粗糙，用刀较深，刀锋常常出廓。

九、明、清时期玉璧的形制及特征

明、清两代都出现过中国经济高度繁荣的历史年代，经济发展，需求增加，工艺技术取得重大进展。这一时期玉器品种多，质量佳，雕琢精，用途广，取得了空前的成就，是继汉代后的又一高峰，明、清玉器在中国玉文化史上占有重要位置。

1.明代玉器及玉璧

国家统一，社会相对稳定，经济发展，新疆和田玉产地与内地的交通畅通，贸易交流频繁，诸多有利因素使明代玉雕水平上了一个更新的高度。这一时期玉雕成就之大，在中国玉器史上是少见的。

① 从明代开始，北京、苏州、扬州成为了著名的琢玉中心。宋应星《天工开物》记载了当时运玉的盛况"凡玉由彼缠头面，或溯河舟，或驾驼，经浪入嘉峪，而至甘州与肃州，至则互市得兴，车入中华，卸萃燕京。玉工辨璞，高下定价，而后琢之，良工虽集京师，工巧推苏郡"。当时北京、苏州、扬州制玉兴盛——北京设有政府的琢玉机构，玉雕人才云集；苏州的琢玉水平居全国之首，是全国制玉中心；扬州则以制作玉雕大件著称于世。期间出现过很多著名制玉大师，如"碾玉妙手"陆子冈等。

② 明代玉器的基本特征。明代玉器风格清新、刚劲，棱角分明，具有较高的艺术价值。明早期纹饰总体风格趋于简练豪放，多以龙凤花鸟为主要题材，其次为山水人物题材、历

双狮绣球璧

史故事。明中期渐向纤巧、细腻的方向发展，花卉题材多采用折枝和缠枝花卉组成图案，具有清新活泼的特点。明代晚期的风格趋于繁缛，略显琐碎。

明代玉雕追求婉约流畅、传神达意的风格，玉器行业内称为"明大粗"，"粗"指不表现细部，"大"即厚重，这是今天鉴别明代玉器的一个依据。

③明代雕玉工艺有浮雕、透雕、阴线刻等，雕刻技法粗犷浑厚，镂空技法普遍使用。早期雕琢工艺简练浑厚圆润，中期趋向玲珑繁缛，如"花下压花"技法，中期金银细工及宝石镶嵌技术也达到很高的地步。中晚期出现分层镂雕手法，显得玲珑剔透，更加逼真。

④明代玉器的玉质特征。当时玉器用料主要是新疆和田玉，玉器玉质莹润，表面光泽明润如同玻璃。玉器中出现这种现象是高超的抛光技术方法所致。

⑤明代玉器有磨平图案边缘的特点。采用浮雕和凸雕装饰的作品显著增多。在这类凸起的图案边缘处，锋利棱角多被磨平，从而形成光洁明亮的窄条状轮廓线，磨平棱角的方法产

明代玉璧

九螭谷纹璧（明，故宫博物院藏）

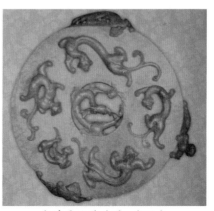

九螭蚕纹璧（明，仿品）

生了很好的艺术效果，增强了花纹图案的浑厚感。

⑥ 明代镂空玉器层次丰富。花纹图案上下交错，玲珑剔透。此时采用钻孔穿透碾磨法，采用不规则线条的抛光处理，多是表面一层抛光细腻，而里面抛光粗糙，甚至不作抛光，显露碾琢留下的深陷痕迹。

龙纹带板

⑦ 明代创新与仿古并举。明代创制出许多新品种，如香炉、文具、盒匣、茶具、花插、观音、弥勒、罗汉、寿星等。明万历年间，出现陆子冈制作的玉牌，后人称"子冈牌"，在行业内有着很高的价值。由于明代民间收藏和文人士大夫推崇"古色古香"的玉器风格，使仿古之风盛行。宋代后，仿古玉器大量出现。有

笔 洗

依据古玉器仿造的，也有依据古代图案综合设计的，明代早期的玉器带有浓郁的宋元特征，特别是明后期，仿古和伪造品常达到乱真的程度。

明代的统治阶级出于稳定社会、安定人心的目的，提出"法先王"的政治口号，因此大量制作与《周礼》规定有关的礼玉，故在元代曾经一度衰落的礼器如璧、琮、圭等，又重新大量出现，但仿古风格明显。

明代玉璧数量，比宋、辽、金三代均多，玉质多为和田白玉、青玉。主要形制有以下两种。

第一种形制是螭纹璧，如出廓双螭璧，中心为玉璧，左右镂空雕两条对视的螭龙，另一种玉璧是浅浮雕灵芝纹或重轮云纹璧。

出廓双螭璧

重轮云纹璧

北京故宫博物院收藏的明代螭纹璧，是明代玉璧中的精品。正面见九条螭龙，灵动翻腾；背面为祈盼丰年的谷纹，似汉代的雕琢风格。玉质细润，做工精良，玉璧外径20.4厘米，内径6.3厘米，厚2厘米，具有很好的观赏性和很高的历史文物价值。

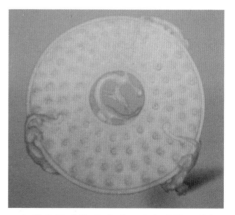

九螭谷纹璧背面（明，故宫博物院藏）

明代有不少仿古玉璧，皆根据古文献记载中的玉璧式样加以仿制，璧的两面均饰有仿战国、汉代的谷纹、云纹或卧蚕纹等纹饰。此外，明代开始出现八卦纹饰的玉璧，颇具特色。

2. 清代玉器及玉璧

满清入关以后，顺治、康熙时代吸收传统思想文化以治理天下，励精图治，扫清了叛乱，较好地发展了生产，康熙时清军追击南明永历帝入交趾，开通了缅甸翡翠进入中原的路线。但这一时期玉器行业产量很少，是明晚期到清中期玉器行业的过渡期。雍正帝肃整吏制，繁荣经济，玉器行业开始复苏。乾隆时期出兵西域，平定了分裂割据和叛乱势力，打通了新疆和田玉内运的通路，促进了玉器业的迅速发展。因乾隆帝爱玉如命，还造就了许多精美绝伦的宫廷玉器。乾隆、嘉庆年间为清玉的昌盛期，形成了我国古代玉器史上登峰造极的时代。可以认为，中国古代玉器的发展，到了乾隆年间进入巅峰时期，玉雕技术集历代之大成——清代玉器无论在品种、数量和制造工艺水平上都形成了玉器史上的一个发展高峰期，也是我国玉文化的第三个高峰。

①清代玉器的种类。清代玉器品种繁多，其种类依功用可分为九大类：佩饰类、陈设类、宗教类、文玩类、册宝类、祭法类、器皿类、用具类和镶嵌类。其中，以佩饰类和陈设类最为发达。陈设品有仿古形式器皿及各种仁兽、瑞禽等造型。玉佩的品种更为丰富，有各种装饰品和吉祥物。此外，兼有实用功能的各种玉器皿、文房用品也较历代多有增加。

②清代玉器的纹图内容。清代玉器

寿字佩

玉鹿

鹦鹉

纹图表现出强烈的生活化趋势，花鸟、动物、山水、树木、吉祥图案、文人书画等都直接反映在玉雕作品里。据古玉专家介绍，清代乾隆年间玉器的纹图内容和形式包罗万象，花鸟鱼虫、飞禽走兽、名山大川、人神仙佛，无所不见。传统玉器饰纹中的龙纹、凤纹、螭纹、兽面纹，成为玉雕界盛行的主流纹饰。清代玉器造型的风格，既有对传统的继承和发展，也有对其他艺术及外来文化的吸收，又有着创新、变化和发展。

③仿生、仿建筑题材的玉雕山子。清代玉器中的仿生、仿建筑题材作品具有鲜活的特色，富有新意。当时产生了一种造型以自然景物或建筑为主的立体玉雕件，行业内称"山子"，即将人、建筑、自然景观及社会风情等，表现在造型中，增强了玉器的艺术表现力，体现出浓厚的民族风格。最典型的是收藏于故宫博物院的"大禹治水图"玉山子。与平面图案相比，玉山子更具有实际表现效果和艺术感染力。总之，清代玉器在制玉过程中造型的创新，是对自然事物的直接表现，以动植物造型和建筑造型的题材为主，将各种纹饰与造型巧妙地融合到一起，从而再现了清代玉器美妙绝伦、千变万化的艺术魅力。

大禹治水图

④清代玉器的仿古现象。清代玉器有创新、变化和发展的一面，也注重对传统风格的继承和发展，这主要表现在仿古玉器的大量出现。清代仿古玉器主要是仿礼器、古佩饰玉、古陈设品等。其仿古玉器主要有仿汉玉佩饰和仿古青铜器。仿汉玉佩饰以鸡心佩、系璧为多；仿古青铜器主要有器皿和陈设器，或全部按青铜器的样式、器型、纹饰和尺度仿制，或参考古青铜器造型，进行再创作。

⑤对外来文化的吸收。清代玉雕对其他文化、外来文化的吸收，主要体

现在与绘画艺术的融合、对阿拉伯风格的痕都斯坦玉雕（莫卧儿王朝玉器）艺术的汲取和再创作。西亚痕都斯坦玉器于乾隆年间开始传入我国，这种玉器由于胎体较薄、透明度高，器身往往还嵌以金丝、宝石及不同颜色的玉料，同我国质地纯净的器物形成了强烈的色彩对比，故颇受乾隆皇帝喜爱，风靡内廷，后逐渐扩散到民间。

痕都斯坦玉瓶

⑥清代各个时期玉器业的兴衰。清前期顺治、康熙年间，战乱频繁，玉器行业处于低迷状态，产量很少，雍正时期经济复苏，手工业有所发展，玉器行业开始复苏；清中期乾隆、嘉庆年间为清玉的昌盛期，这时宫廷玉器充斥各个殿堂，各主要大城市玉雕业十分兴旺。民间观玉赏玉之风兴盛，玉器的用途更加广泛，各种功用的玉器品类齐全。乾隆中晚期，阿拉伯风格的痕都斯坦玉器时已大量进入内廷，得到乾隆的喜爱，其风格波及北京、苏州、扬州等玉肆；清中晚期道光、咸丰年间内忧外患，国家经济严重受挫，新疆玉贡基本停止，宫廷玉器日渐衰落，地方大城市的玉肆，也因原料不足及经济衰退而逐渐衰败；清晚期特别是经历两次鸦片战争后，玉器业更加凋敝，从此清代玉业萎靡不振，

清代方形璧

而其间为满足来自国外收藏者的需要，民间玉器兴起了一股佩玩件仿古、伪造之风，玉件的造型和内容"俗不可耐"，对以后的玉器产生了不良影响。此间由于慈禧十分喜爱翡翠，使翡翠得到了国人的认同，翡翠取代了和田玉的地位，成为"玉石之王"。

清代玉璧质料极佳，以白玉、青玉为主，比较典型的作品如下。

苍璧。北京故宫养心殿门前可以看到，直径超过 50 厘米，是历朝历代玉璧中尺寸最大的，为祭天之用。

兽面谷纹璧。清代的兽面谷纹璧纹饰有所不同，玉璧外区表面琢出兽面纹，内区表面琢出谷纹，兽面的鼻、嘴、眼的形状很有特色，是清代玉璧的标志。

螭纹出廓璧。如"长宜子孙"螭纹出廓璧，此璧玉质上乘，饰纹流畅，雕工精美。出廓双螭顶宝相花，璧身内凤在上，螭龙在下，为历史上所仅有，应为慈禧年间物品，北京故宫博物院收藏。

活环双联璧。两璧通过中间的活环套"铰链"联合为一体，可开可合，独具匠心，为历史上所仅见。双璧外圈表面琢螭纹，内圈表面琢谷纹，通长32 厘米。

苍璧（清，故宫博物院藏）

兽面谷纹玉璧（清）

螭纹出廓璧（清，故宫博物
院藏）

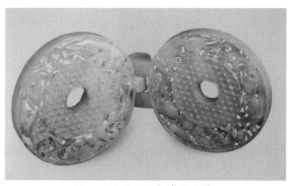

活环双联璧（故宫博物院藏）

圭璧。清代的圭璧为仿古而作，但用玉、工艺却非常精美和讲究，如北故宫博物院收藏的乳丁纹圭璧。其形状是在璧的边缘向外伸出圭角，表面饰有凸起的大乳丁纹，这种乳丁纹在宋代与明代玉器上都曾出现，但明代乳丁周围钻痕较重，与宋代有区别。

乳丁纹圭璧

此外，有蒲纹璧、变形龙纹璧、凤纹璧，不仅含有寓意的吉祥图案及人物图案璧等，还创造了清代特有的阔带几何纹玉璧；清代小型玉璧比较多，璧身较厚，孔较小，多为装饰和玩赏物品，但很少作为陪葬品使用，其中除帝王所用的礼器和玩赏品以外，在民间流行系璧和仿古璧。

清代玉璧仿古的较多，仿古玉璧十分逼真。乾隆时期大量改制旧玉，或将一面光素的璧面加刻纹饰，使之器形、图案纹饰更趋丰富。

十、近代玉璧及与玉璧相似的玉器

这里所指的近代，是指从清代后期（第一次鸦片战争始）至民国时期这一段历史时期。在这一历史阶段中，玉璧远不如春秋战国及汉代玉璧之精美，并逐步没落。原因是多方面的：由于世界社会政治的变革，"礼玉"的功能（如祭天等功能）已不复存在；由于列强入侵、社会经济的落后，玉器业在那一时期处于停滞状态，玉璧的传承与发展自然无从谈起；人们用玉的观念、审美发生了很大的改变，对古玉的欣赏已不再是主流；在非主流的古玩市场中，出现的仿制玉璧质料较差，做工粗糙，雕琢不成章法，只求其形，不求其工，工艺水平很低，不受人们的欢迎；玉璧的形制已经向民用化、简单化方面发生转化。

在民国时期，近代玉璧民用化、简单化及时尚化，使当时出现了与玉璧相似的玉器，如"怀古"（意为效仿古代玉器，又称平安扣），就是数千年玉璧的延伸，人们在祈盼平安美好的同时，加入了时代的元素并以新的材质来制作，出现了用翡翠、玛瑙等多种玉料制作的各种玉璧，从而延续了玉璧的生命，也丰富了其内容，使高贵的祭天礼器走下了神坛，深入到了平民百姓的生活之中。

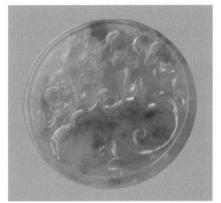

翡翠玉璧

十一、发扬光大的当代玉璧

我国在实行改革开放国策前的一段历史时期内，由于意识形态及经济等方面原因，珠宝业处于一种停顿甚至倒退的状态。20 世纪 70 年代末，国家实施改革开放，经济文化快速发展，中国的珠宝业开始复苏。中国的玉器玉雕业走过了一条复苏、发展、萎缩、徘徊、发展、大发展的艰辛而辉煌的振兴之路，取得了前所未有的成就。

1.珠宝业的作用

自20世纪90年代以来，珠宝业在国民经济中的作用表现在：①为国民经济发展起到了积极的促进作用，其增长幅度较高；②提供了大量的就业机会；③扩大了出口创汇；④带动和促进了相关产业的发展；⑤繁荣了市场。我国珠宝玉石业发展较快的地区主要集中在广东、云南、北京、河南、上海、辽宁以及港、澳、台等。

2.珠宝业的发展概况

改革开放以来，中国珠宝产业发展迅速。20世纪80年代初至90年代中期，珠宝首饰业年增长率高于10%，进入20世纪90年末期后，步入全面发展阶段。具体表现为：①产值突破千亿，从业人数众多；②产业集群效应开始显现，国际化趋势日益明显；③中国珠宝业也完成了从数量扩张、粗放经营向注重质量、打造品牌的转变；④中国的珠宝首饰不仅满足国内的消费需求，而且走向了国际市场。

翡翠白菜

据中国宝石首饰行业协会统计，国内从事珠宝首饰业生产加工的企业，从改革开放前不足百家迅速发展，截至2007年底达5万余家（仅工商注册的各类珠宝企业），加工人员、营销人员共达到300余万（其中加工人员80余万）。1991~1998年，全国珠宝首饰销售额从240亿元猛增到760多亿元，年均增长超过25%。2004年中国珠宝首饰销售总额达1200亿元人民币，是1980年的600倍，出口总额达44.5亿美元。

2007年全国珠宝销售总额已达到1700亿元左右，是令世人瞩目的空间庞大的珠宝市场。2009年达到2000亿元，2014年中国珠宝零售市场销售总额达到5000亿元。中国珠宝产业的发展经历了从"加工""制造"到"创造"的历史跨越。

3.珠宝玉石产业的内涵

30年前的珠宝玉石业，完全是由家庭作坊为主体的生产、加工和销售活动构成的小手工业行业。到20世纪后半期，随着全球工业化进程的加快，社会化分工和科技手段向各个领域渗透，珠宝玉石业已不再是简单的开采、加工和销售活动，而是集地质勘探、资源开发、物理学（光学、色彩学）、化学、美学、材料、文化、加工、艺术鉴赏、技术教育等多学科、多部门为一体的，具有劳动、知识、文化、科技、资金密集型特点的综合性行业，是一个与地质科学、贵金属材料、文化艺术、设计制造、电脑科技、旅游产业、经济、管理和商业流通等紧密相连的特色文化产业。

4.珠宝玉石的角色转变

当今，人类对玉器的认识不断深入，玉器的功能也不断演变。"器、神、礼、权、赏、玩、商、藏"八个字概括玉器发展的历程。实际上，随着社会经济的增长和人类文明的发展，玉石由较单一的功能演绎成了一种对文化、信仰、物质和精神等方面的艺术追求，玉器走过了神器、礼器等历史过程，发展为具有艺术性、保值增值

翡翠平安扣

功能的商品进入了千家万户。

5. 珠宝产业基地

由于把握了机遇，发扬了中国玉文化和玉雕工艺传统，吸收了多民族的独特工艺，引进了世界先进珠宝设计理念，重视珠宝教育和珠宝检验，中国不但培育形成了一批玉器产业基地，并且在钻石、人造宝石切磨加工和首饰镶嵌方面，也成为世界瞩目的重要基地。

中国珠宝产业已形成"五个基地、四大中心"的基本格局。五个基地分别是：以广东揭阳–平州等为主体的翡翠生产加工外销基地；以深圳为主体的深–港钻石与贵金属生产加工基地；以云南为主体的泛亚贸易区内的翡翠、有色宝石原材料和成品营销基地；以上海为中心的钻石、贵金属营销交易基地；以辽宁岫岩县为主体的岫玉生产加工出口基地。四大中心分别是：深（深圳）–港台（香港、台湾）–广（东）珠宝深加工生产中心；北京–上海的珠宝贵金属交易中心；云南–东盟翡翠及有色宝石贸易中心；广西梧州人造宝石制造与批发中心。

翡翠饰品

在经济持续发展的背景下，在人们爱玉情愫的基础上，人们的消费水平和精神需求不断提高，在玉器领域，翡翠与和田玉有着至尊的地位，成为价值最高、国人最喜爱的玉石。当前，广东省成为中国最大、最具活力的珠宝玉器加工、批发基地；云南成为中国最具潜力、最具影响力的翡翠集散、加工、销售市场。

6. 不断涌现出国宝级玉雕作品

①翡翠玉雕作品。由北京玉器厂利用四块大型翡翠玉料，从1982年开始，用了6年时间雕刻而成的翡翠玉雕"四大国宝"，现藏于北京中国工艺美术展览馆中的"珍宝馆"中，"四大国宝"分别是：翡翠山子《岱岳奇观》《含香聚瑞》《群芳揽胜》和《四海腾欢》。

翡翠山子《清凉世界》《普贤境界》《海天佛国》和《九莲圣境》"四大灵山"雕件具有极高艺术水平和欣赏价值。"四大灵山"为五台山、峨眉山、普陀山和九华山，是我国著名的佛教圣地。四大灵山中的四位菩萨，在佛教中有着重要的地位，因此玉雕作品影响巨大。

翡翠山子《会昌九老》气势宏大，高古雄浑。作品描绘了白居易会昌五年于洛阳香山与胡杲、吉皎、刘真、郑据、卢贞、张浑、卢真及狄兼谟共

岱岳奇观

四海腾欢

九位社会名流聚会宴游的情景。该山子有别于制成于清乾隆五十一年的和田青玉大山子《会昌九老图》。

山东曲阜孔庙大成殿始建于宋代，大殿长45.78米，高24.8米，进深24.89米，是孔庙的主体建筑。《"珍、翠、金"大成殿》以孔庙大成殿为模

和氏璧释谜

本，按 1/76 的比例缩制而成。令人惊叹的是，设在大殿前的八幅微雕象牙牌，牌上刻有由云南昆明玄安法师用"心想事成"气功法微雕的《论语》《史记·孔子世家》共 4 万多字，为天下仅有的珍品。该作品集彩色宝石、黄金、玉雕、牙雕、微雕、珍珠工艺、黄金铸造等工艺和文化之大成为一体，精妙绝伦，气势恢宏，包含了弘扬民族文化和纪念孔子的深远意义，成为宝玉石工艺品之典范。

② 和田玉玉雕作品。1985～1990 年，江苏扬州玉器厂的四件和田玉玉雕作品，被征集为国家永久收藏珍品。四件和田玉玉雕分别为：《宝塔炉（白玉）》《五行塔（白玉）》《聚珍图（碧玉）》和《大千佛国图（白玉）》，其中《大千佛国图》获国家珍品金杯奖。

③ 收入"吉尼斯世界纪录"的玉雕作品。世界上最大的沈阳翡翠大佛，高 2.04 米，宽 1.7 米，厚 0.86 米，重 7 吨，由北京玉器厂雕制而成，由沈阳萃华楼收藏。

世界上最大的金玉观音像，总高 3.8 米，耗用黄金 100 多千克，碧玉 100 多千克，数千粒红宝石、蓝宝石、祖母绿、珍珠等宝玉材料制成，现坐落于海南省三亚市南山佛教苑内。

《华夏百美图》是世界工艺美术品中用宝玉石品种最多、雕刻艺术最全面、最精美的艺术珍品。作品由百扇红木屏风构成，长达 52 米，以洛神、嫦娥、西施、王昭君、卓文君、杨玉环等为创作题材，选用寿山石、

和田玉寿字花瓶

青田石等100余种宝玉石制作而成，具有非凡的艺术魅力和极大的收藏价值。

④综合性的优秀玉雕作品。21世纪以来，中国玉雕界不断涌现出大量的优秀作品。由中国玉器"天工奖""百花奖"等活动评出的获奖作品，美轮美奂，巧夺天工，代表了当代中国玉雕的一流水平。如净重10.5吨的特大型岫岩花玉料玉雕《江山独秀》、用岫岩玉浮雕而成的《日出宝塔山》等作品，具有极高的艺术和收藏价值。这些年来，玉雕杰作美不胜收，难以尽述。

吉祥长寿

五璜联璧（黄龙玉）

7. 北京奥运会奖牌（玉璧），使玉文化发扬光大

中国的玉文化及玉璧艺术在2008年的北京奥运会期间得到了最好发扬和展示。

国际奥委会对奥运会奖牌的材质及其识别性、重量、尺寸、图案等都有严格规定。奥运会冠军和亚军的奖牌质地为纯银，冠军奖牌镀有不少于6克的纯金。以往奥运会的奖牌均为金属材料，北京奥运会奖牌则创造性地将玉嵌其中。这一设计既符合国际奥委会的规则，又彰显了玉的高贵品质，喻示了中国传统文化中的金玉良缘，体现了中国对奥林匹克精神的礼赞和对运动员的最高褒奖。现对2008北京奥运会奖牌作一简要介绍。

①中西合璧的奖牌。北京奥运会奖牌的直径为70毫米，厚度为6毫米。由象征高贵和美德的贵金属和玉璧组合而成。在色彩搭配上，金、银、铜牌

奥运奖牌

分别配以白玉、青白玉和青玉，玉质为青海昆仑玉。奖牌中国特色浓厚，艺术风格尊贵典雅，和谐地将中国玉文化与奥林匹克精神结合在一起。

奖牌创意取自中国古代龙纹玉璧造型，其正面使用国际奥委会统一规定的图案，即站立的胜利女神和希腊潘纳辛纳科竞技场全景；奖牌背面镶嵌玉璧，正中的金属图形上镌刻着北京奥运会的会徽。奖牌挂钩由中国传统玉双龙蒲纹璜演变而成。

②奖牌产生历程。2006年1月11日，北京奥组委面向全球公开征集奖牌设计方案，并定向邀请11家专业机构参与奖牌设计工作。经过近3个月的征集，收到了来自中国以及美国、澳大利亚、俄罗斯、德国等国家的应征作品265件。随后，北京奥组委邀请国内艺术、雕刻、造币等领域的专家学者，对179件有效应征作品进行了初评和复评，应征作品中优秀方案很多，但一项"金嵌玉"的设计受到格外地重视。

奥运奖牌

专家们认为，玉最能够表达中国人的人格理想。玉石之美，出于自然，秀外慧中，魅力无穷；玉外表温和圆润，本质却非常坚韧。经过反复比较和讨论，"金嵌玉"方案获得了评委们的一致认可。

2007 年 1 月 11 日和 2 月 8 日，北京奥组委、国际奥委会分别通过北京奥运会奖牌方案。2007 年 3 月 27 日下午，北京 2008 年奥运会奖牌发布会在首都博物馆举行，发布会上公布了 2008 北京奥运会奖牌设计方案为"金镶玉"奖牌。这一天，三块镶嵌着美玉的奥运会奖牌展现在世人面前时，北京奥运会诞生了一项让世界惊叹的杰作——"插上翅膀站立的希腊胜利女神和希腊潘纳辛纳科竞技场""中国古代龙纹玉璧造型的玉璧""充满动感活力的中国印""中国传统玉双龙蒲纹璜"，当这些元素完美地集合在一块奖牌上时，构成了精美绝伦，前所未有的"艺术品"。

玉与贵金属的结合还必须符合一个条件：奖牌中的玉璧必须有足够的抗冲击性，北京奥运会的奖牌必须保证在意外情况下摔落时不发生损坏。为了提高奖牌的抗冲击性能，进一步完善结构强度，奖牌设计小组对奖牌金属和玉结合的工艺性能以及安全性等，进行了多次检验测试——系上绶带的奖牌分别以不同角度从 1 米、1.5 米、1.9 米、2 米做自由落体的跌落实验，根据实验情况调整了奖牌厚度和内部结构，保证了奖牌的抗冲击性能。

当看到镶嵌着玉石的奖牌从 2 米高自由落体而玉石毫无损伤后，国际奥委会总部的官员们十分高兴，"金镶玉"的设计方案最终获得了认可。

③ 与奥运奖牌有关的玉文化元素。北京奥运会的奖牌无论从玉的使用，还是绶带、挂钩、奖牌盒、证书的设计，无不彰显出中国传统

奥运奖牌

产品编号：001390
产品名称：北京奥运藏宝典藏版
（限量2008套）
材　　质：和田青白玉
产品规格：59×59×69cm
零售价格：56000元
装箱数量：4个

舞动的中国印

文化的韵味。

　　用以悬挂奖牌的挂钩，由中国传统玉双龙蒲纹璜演变而成，其形似双龙聚首、祥云浮空，使整个奖牌极具中国特色；奖牌包装盒以中国传统工艺制作，整体四方造型的木制漆盒，天地盖四边略呈弧形，寓意天地四方、六合美满；盒盖中央嵌填金色的北京奥运会会徽，金红辉映；奖牌丝带由机织而成，工艺精美，朱地云纹，喜庆祥瑞；获奖证书以宣纸制作，绢、绫等中国传统材质的托裱使用，配以长城和祥云的图案，使得这项设计也成为参与北京奥运会的运动员们永久收藏的艺术品。

　　玉文化是中华文化中重要的组成部分。玉表示着美好、尊敬、相爱、相助的内涵，象征着中华文明，也诠释着团结友谊的奥林匹克精神。含玉奖牌既体现了对获胜者的尊重，又是一件精美的工艺品。中国古老的玉文化，也因此在奥运史册中写下浓重的一笔，使当代又迎来了一个崇玉爱玉的高峰，更加丰富、提升了玉璧的形制和内涵。

　　孔子说，玉有仁、智、义、礼等十一德，《礼记》所言"君子无故，玉不去身"，都是强调有社会地位和修养的人要向玉学习，提示他们没有特殊原因，应玉不离身。

　　中华民族这种崇玉、敬玉、爱玉的情操，在当今中国得到了继承和发扬。2008年北京奥运会，升华了玉璧的功能，使玉璧的形象家喻户晓。

8. 大型翡翠雕件 "九龙拱璧" 问世

2009 年，历时近三年，大气磅礴的巨型翡翠玉璧"九龙拱璧"，在国庆六十周年前夕完成于"中国玉器之乡"——广东省四会。

"九龙拱璧"雕件高 1.3 米，宽 1.25 米，厚 0.48 米，重量超过了 1 吨，体积和重量均为中国罕见。该作品用一块 2 吨重的翡翠石料雕制成，整块石料色彩丰富，以绿、青、黑、白等颜色为主；九条祥龙颜色各异，栩栩如生，环绕圆形翡

九龙拱璧
（吴元全、马庆超创作，宝玉石周刊）

翠玉璧呈盘旋飞翔状，似奔腾在云雾波涛之中，具有无限的生命力。

作品中的龙是中华民族的图腾，象征自强不息、奋发进取的民族精神；九龙在此象征着全国各民族人民。在古代，璧是礼器，为礼天之用。今天，圆形的璧则象征圆满、团结、和平；九龙护璧，寓意民族团结奋斗，国家繁荣富强，领土统一完整。"九龙拱璧"已经突破了古代玉璧作为礼器的尺寸极限，"九龙拱璧"的问世，是为国家送上一份的祝福，也是对玉璧文化的又一次弘扬。

国内知名宝玉石专家一致认为，"九龙拱璧"创意新颖、设计精湛、用料合理、造型美观大方、主题内容突出，是一件寓意丰富、极具中国传统文化内涵的玉雕艺术精品。该作品采用了浮雕、平雕、线雕、镂雕、立体圆雕等技法，充分利用了翡翠的自然色彩，凸显了玉质的美形美色。

大型翡翠雕件"九龙拱璧"，是由国家级工艺美术大师吴元全、河南籍工艺美术大师马庆超等人共同创作完成。

和氏璧释谜

　　纹饰，也称花纹或装饰纹样，有学者认为，古玉纹的产生，奠定了中国玉文化的基础。大部分纹饰都有其主题含意，它不仅是图案花纹，也是"符号语言"或"象征符号"。例如在汉代纹饰中，"云纹"非常普遍，玉器、青铜器、漆器等许多器物上都有"云纹"的装饰纹样。在这些器物上，尽管题材和工艺手法不同，但云纹所反映出汉代神仙思想的意境是共同的。

　　有专家认为，作为礼天敬神的玉璧，其最初的形制来自于中间穿木棒，用来碾压谷物的石器——石碾。远古时期的玉璧，多为素面璧，随着生产力的发展和社会文明的进步，人类有了思想和精神方面的追求，玉璧由最初的工具演化为原始的装饰品，继而成为神器、礼器……于是人们开始在玉璧上雕刻纹饰，以此表达自己的思想、情感和愿望。同时，纹饰对玉璧也是一种美的装饰。

由云纹构成的龙形纹

　　玉器纹饰起源于原始社会，即 10000 多年前至 8000 年前的旧石器晚期至新石器时代，但纹饰用于玉璧上，只有不足 6000 年的时间。玉崇拜，即用玉器、用玉纹代表神灵，用玉器礼赞神灵，与古代先民们的万物有灵的思想有直接关系。

　　纹饰有人物纹饰、动物纹饰、植物纹饰、日月星辰纹饰、文字符号纹饰、几何纹饰、辅助纹饰、吉祥纹饰等。玉璧纹饰的创作灵感主要来源于以下几个方面。

　　①人类赖以生存的粮食、食品题材：谷、粟、乳等。

　　②人类生活中密切接触的用具和工具：绳、蒲、斧、器皿等。

　　③对人类生活有较大影响的自然现象：云、水、风、雷等。

　　④动物和植物类：鸟、蛇、鱼、龟、蟾、蝉、牛、羊、马等。

　　⑤人类最早钩划出的几何图形：圆形、三角形、四边形等。

　　⑥人类在生活中想象出来的神异动物：龙、凤、螭、夔、魑等。

　　古玉纹饰是玉文化的基础，玉文化的发展，影响了众多的文化门类，渗透于人们生活的许多角落。古玉纹饰的构想和设计思维，主要是通过纹饰表达崇敬、崇拜和祈盼的心理，渲染神灵、神异的气氛，制造辟邪、除怪、镇定的意境，创造吉祥、美丽和美好的效果。

　　出现在玉璧上的纹饰主要有如下 16 种。

一、谷纹

　　形如谷物发芽，或如同逗号。谷纹沿用的历史最长，其最早出现在春秋时期的玉器中，到战国时期发展为长尾逗号样，如同圈着尾巴的蝌蚪，因此又称蝌蚪纹。

　　谷纹是农耕文明发展的产物，它和人类赖以生存的粮食有关。它象征着万物苏醒，生机勃勃以及人们对粮食丰收的盼望。

谷纹（卧蚕纹璧）

谷纹常与卧蚕纹异名同称，人们常把具有粗壮、中空萌芽线的谷粒称作"卧蚕纹"。

二、乳丁纹

圆形凸起的单个纹样，在玉璧上表现为琢出的一个个排列有序的圆点，形同乳头，称之为乳丁纹。璧上的乳丁纹造型，源自古人的乳亲意识，表达了对母亲的敬仰，有感怀生命起源和生命繁衍的企望心理。另外也代表天上的星星，因为璧代表天。

乳丁纹尽管纹样形态简单，却给人以庄重古朴的感觉。

玉璧（乳丁纹）

三、蒲纹

蒲是一种水生植物，古人用其编织蒲席，蒲席是非常重要的生活物资。蒲纹是西汉末年开始盛行于东汉的文饰，是一种简单雕琢的纹饰，在玉器上琢出若干条等间隔的60°直线，再转60°以同样的间隔琢出若干条直线，便得到了蒲纹。蒲纹璧也常用于丧葬，所以一般出土蒲纹璧大多质地较差。

蒲纹璧

四、云纹

云纹是古人以天上云彩为对象而创作出来的装饰纹。云纹用柔和、回旋和优美的细线条组成。云纹有多种表达形式，常见的云纹如同卧倒的字母"S"。云纹图案表达了"云象回转之形"的线条活泼、轻柔和流动的特征。

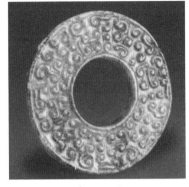

卷云纹璧

五、雷纹

雷是古代的神灵之一，具有威猛的形象和巨大的攻击力。因此，雷纹是用方折角、回旋的粗直线条组成图案，有些像开口的汉字"回"。雷纹在古玉器中有多种表达形式。

乳丁雷纹：在方格或斜方格中饰以雷纹，中间有一凸起的乳丁，有的是单行排列，有的密布全器身，又名"百乳雷纹"。

雷纹璧

勾连雷纹：先做斜山字形线条。用斜线相勾连，一般将山字形处理成粗线条，再填入细线条的雷纹；也有将山字形作为虚线而用雷纹作阴纹的。

三角雷纹：外围是三角形，内填以雷纹，三角形的一角作向上或向下连成横列，形成大锯齿带状；角向上饰在器腹的上部，角向下则饰在器腹的下部。

六、绳纹

呈两股绳索绞结状，每一股绳索由二条、三条、四条，甚至九条单线绞结而成。绳纹流行于春秋晚期到战国时期，参见前面第49页出现的秦代玉璧（其上有绳纹）。

和氏璧释谜

七、兽纹

兽纹的题材取自两个方面：自然界的动物，如虎、牛、鹿、蝉、蚕、鱼、鸟等；神异动物，如龙、螭、凤、夔、虬（qiú）、魃等。

虎纹璧

卧蚕纹瑗

蟠魃纹璧

龙凤龟蛇四灵玉瑗

八、龙纹

龙，是一种幻想的神物，古人认为它象征最高的祥瑞，故成为崇拜的百神之一。在中国古纹样装饰中，龙纹占有十分重要的地位，被大量装饰在玉石、牙骨、陶瓷、织绣和服饰等方面。在封建时代，又将它与佛教、道教的神话结合起来，赋予新的神秘内涵。尤其在宫廷艺术中，更是充满了龙的装饰。

龙的形象起源很早，作为青铜器纹饰，最早见于商代二里冈遗址，以后商代晚期、西周、春秋直至战国，都有不同形式的龙纹出现。商代多表现为屈曲的形态；西周多表现为几条龙相互盘绕，或头在中间，分出两尾。

根据龙纹的结体，大致可分为爬行龙纹、卷龙纹、交龙纹、两头龙纹和双体龙纹几种。玉璧中有大量的龙纹出现。

龙纹谷纹璧

九、螭龙纹

对螭龙的解释有六种说法。①《广雅》云："有角曰虬，无角曰螭。"②张揖曰："赤螭，雌龙也。"③文颖曰："龙子为螭"。④中国传说中的龙之一，也称蚩尾，是一种海兽。汉武帝时有人进言，说螭龙是水精，可以防火，建议置于房顶上以避火灾。⑤龙九子中的第二子，"其名螭吻，性好望，今屋上兽头是也。"即螭龙形体似兽，习性好张望，成为今日庙宇殿顶、堂塔楼阁等高处的龙或屋上的兽顶、殿角的走兽，也可压火灾。⑥《说文·虫部》

有释："螭，若龙而黄，北方谓之地蝼。"其形盘曲而伏者，称蟠螭。躯体比较粗壮，有的作双尾状。归纳前人的观点，可以认为：无角之龙为螭龙。螭龙的原形是大自然中的壁虎。

由此可知，螭龙纹是最常见的传统装饰纹样，多见于玉璧玉

内外双螭谷纹璧

和氏璧解谜

器上，也用于瓷器、房屋、门窗、家具和服饰上。螭纹最早见于商周青铜器上。是和龙纹非常接近的一种纹饰。

战国晚期是最早在玉器上出现螭的时期，而且数量很多，此后一直延续至清代，其中汉魏时期盛行，隋唐时期低潮，宋以后作为仿古题材重新兴起。

十、夔龙纹

青铜器上的装饰纹样之一。

夔，神话中形似龙的兽名。

夔的形态多为一角，一足，口张开，尾上卷。有的夔纹已发展为几何图形。常施于簋、卣、瓿、彝和尊等器皿的足、口的边上和腰部作装饰。盛行于商、西周和春秋时期。在当时的玉璧上，亦常见雕琢有夔纹。自宋代以来的著录中，在青铜器上凡表现为一爪的纹饰，也称为"夔纹"或"夔龙纹"。

夔龙纹璧

十一、凤鸟纹

凤在古代的传说中为群鸟之长，是羽虫中最美丽的动物，飞时百鸟随之，尊为百鸟之王。在古人的心中，凤是吉祥之鸟。凤鸟纹是中国古代青铜器纹饰之一，常出现在玉璧上。

凤鸟纹按照构图形象分为长喙鸟纹（体躯是鸟，头部有一较长的喙）、鸱枭纹（大圆眼，毛角大翅，盛行于商代中晚期）。

凤鸟纹多饰于鼎、簋、尊、卣、爵、觯、瓿、彝、壶等器物的颈、口、腹、足等部位。

十二、龙凤纹

一种典型纹样，描绘龙与凤相对飞舞的画面，故有其名。龙为鳞虫之长，凤为百鸟之王，都是祥瑞之物。龙凤相配便呈吉祥，习称"龙凤呈祥纹"。

中国历史上，以"龙""凤"为主要图腾标记的东、西两大部落，在长期的征战、斗争后，最终以"龙

龙凤佩（黄龙玉，朱文明雕）

凤呈祥"和"龙飞凤舞"为美好的结局。古代玉器中大量龙凤纹的出现，也昭示着中华民族文化历史的发展轨迹。

十三、鸟纹

古代装饰纹样之一。鸟长翎垂尾或长尾上卷，作前视、回首或对称排列状。

良渚文化出土的玉璧、玉琮上已有明确的鸟纹。2009 年，余杭博物馆在建立馆藏文物数据库时，发现一

玉璧上的鸟纹刻符

件刻有展翅飞翔的鸟纹样大玉璧。鸟纹玉璧直径约 24.6 厘米，孔径约 3.4 厘米，厚约 1 厘米，呈墨绿灰色，夹杂褐色斑，为良渚文化晚期器物，距今约 4000 多年。这件玉璧上刻有鸟纹，符号高 1.2 厘米、长 2.8 厘米，鸟首似成双，两翼展开，有倒梯形尾翼。整体上看，似展翅翱翔的双头鸟。

商代鸟纹多短尾，西周鸟纹多长尾高冠。鸟纹包括凤纹、鸱枭纹、鸾纹及成群排列的雁纹等。

和氏璧释谜

十四、鱼纹

鱼在古人心目中，也象征吉瑞。汉代画像石中，鱼纹大多为鲤鱼，并常常与龙、凤同处一画。同时，鱼纹具有五谷丰登、年年有余等寓意。鱼纹图案表现为鱼的形态，脊鳍与腹鳍各一个或两个。

十五、蝌蚪纹

蝌蚪纹形如"C"形，状如蝌蚪。有考古学家认为其是谷纹的一种，但尾长。蝌蚪纹常呈阳文凸起，寓意子孙绵延。蝌蚪纹动感强，在玉璧上显得华丽，富于变化。

十六、涡纹

涡纹形如水流动时的旋涡，给人一种流动并变化的美感。水不但是人类赖以生存的最重要的基础物质之一，在古人心中更蕴含着神的概念，即古代先民视水为神。涡纹不仅仅是为了装饰与美观，还带有崇拜和神祈的目的：祈祷顺风顺水，五谷丰登，如意吉祥。

涡纹

除了上述纹饰外，玉璧中还有一些装饰纹样，包括方格纹、网纹、云雷纹、瓦纹、波曲纹、重环纹、鳞纹等，只要我们对古玉器、古玉璧有兴趣，在鉴赏和收藏等过程中认真观察，就不难有所发现。

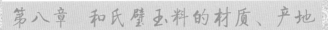

第八章　和氏璧玉料的材质、产地

对于和氏璧（玉璞）是什么样的材料（玉质）？它产于何处？是人们感兴趣的焦点。千百年来，尤其是近 20 多年来，人们进行过很多探索和追寻。然而，一些专家探寻的根据仅仅是韩非子的"楚人得玉璞于楚山中"，历史记载"……韩子、卞和得玉于楚荆山"，唐末道士杜光庭（公元 850—933 年）在《录异记》中对和氏璧的描述"岁星之精，坠于荆山，化而为玉，正而视之色白，侧而视之色碧"等几条十分有限的线索。

和氏璧的奇特之处，也是它最大的魅力，在于传说从不同的方向看，其颜色会发生改变，即和氏璧可呈现特殊的光学效应。

一、关于变彩、变色等特殊现象

宝玉石的特殊光学效应又称"奇异光彩现象"。在宝玉石的大家族中，有许多宝石或玉石会产生形形色色的奇异光彩，更增加了它们的神秘性、归纳一下产生奇异光彩的原因，有三种：①由宝石内一组或多于两组定向排列的包裹体对光折射和反射而引起，如猫眼、星光效应；②由于

变彩的欧泊

和氏璧释谜

宝石对光的选择性吸收而造成，如变石的变色效应；③由于光的干涉、衍射作用而产生，如变彩（游彩）、晕彩等效应。宝玉石中还有光彩现象（日光石的金星效应），也属于这一原因。

关于传说中和氏璧"正而视之色白，侧而视之色碧"这样的奇异光彩现象，在宝石学中，属于典型的变彩效应。

变彩，是宝玉石的颜色会随光源入射角度的不同，或观察角度的不同而发生变化的现象。究其原因，是因为玉料具有特殊的微观结构，从而引发光的干涉、衍射作用而引起的。具有变彩效应的宝玉石比较多，今天看来，其中的科学道理也不难解释清楚，但在两千多年前的春秋、战国时期，可以想象，仅仅是会"变色"（变彩）这一条，和氏璧就能产生多么大的吸引力和影响力！

有的专家将和氏璧"正视而色白，侧视而色碧"这一现象说成是"变色效应"，这是一种概念模糊的错误。

变色，是宝石的颜色随着入射光光谱能量分布的不同，或随着入射光波长的改变而发生改变的现象。简言之，日光中蓝绿色成分较多，烛光或白炽光中红色成分为多，宝石的颜色因辐照的光源不同而不同，称为变色。而传说中的和氏璧的颜色变化，不是因为入射光的不同而改变，而是因为观察的方向不同所看到的颜

猫眼效应

星光效应

日光下的变石

白炽灯下的变石

色不同。所以，传说中的和氏璧的颜色变化现象是"变彩（游彩）效应"，而不是"变色效应"。

有一种金绿宝石的亚种"变石"，就具有独特的变色效应。它在太阳光下呈现绿色，而在夜晚的烛光下或钨丝灯下则变为红色。在此，我们来回顾一个有趣而真实的历史故事。

1830 年，在俄国乌拉尔的一座开采祖母绿的矿山上，矿工们采到了一些与祖母绿略显不同的绿色矿物，然后并不在意地将其搁置到了一边。想不到的是，这些白天为绿色的石头，在晚上的灯下竟全都变成了红色；第二天白天再观看时，它们又成了绿色！人们大为惊讶，以为小小的石头有神灵附体，消息迅速传遍四面八方。石头会变色的消息传到皇宫。当时的俄国皇太子亚历山大（后来的沙皇亚历山大二世）对此消息很感兴趣，令人将这一批绿色矿物运到皇宫，经过验证，果然不谬。在他 21 岁生日时，他命人把这种会变色的奇特宝石镶嵌在自己的王冠上，并用皇太子的名字命名，称这种宝石为"亚历山大石"。

变石之所以会变色，是因为它含有微量元素铬。有变色效应的宝石除了金绿宝石、变石猫眼外，还有变色绿柱石、合成变石、合成变石猫眼、蓝宝石、萤石、尖晶石、红柱石和石榴石等。目前，土耳其安纳托利亚山脉出产的苏坦莱石，也有明显的变色效应。

二、具有玉璞且有变彩效应的宝玉石

1. 具有玉璞的宝玉石

璞，通常指未雕琢过的玉石，或指包藏着玉的石头，在此专指包着玉肉的石皮（壳）。有玉璞的宝玉石有玛瑙、蛇纹石玉（岫岩玉、信宜玉、祁山玉、陆川玉、台湾蛇纹石玉等）、翡翠、独山玉、孔雀石、石英质玉、拉长石（月光石）、和田玉、钠长石玉、东陵玉、澳洲玉、蛋白石、昆仑玉、绿柱石、青海翠等。

璞中有宝（绿柱石）

璞内藏宝（翡翠）

璞内神彩

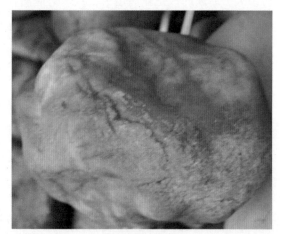

有璞的和田玉

2. 具有变彩效应的宝玉石

变彩效应是由宝玉石特殊的内部结构对入射光干涉、衍射而导致的，具有变彩效应的宝玉石有拉长石（月光石）、欧泊等。

光的干涉是光在传播的过程中遇到特殊的结构（光栅）时，本来同步的光波之间产生相位（光程）差，且相位差符合一定规律时，某些波长的光因同相位而得到加强，某些呈异相位的光波则因相互抵消而消失的现象。

光的衍射，是指光从狭缝、细小孔洞等穿过时，所发生的光波发散现象。缝隙或孔洞越小，发散效应越显著，即衍射量越大。

拉长石变彩是光的干涉作用的结果。欧泊变彩是光的衍射作用的结果。

变彩欧泊

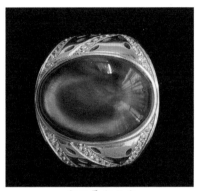
宝石晕彩效应

三、和氏璧用什么玉料制成？

笔者以为，探寻和氏璧（玉璞）的产地、石质，我们的思维绝不能局限于"楚山""荆山"这一类地名中，而应该具有开阔的思维和能穿透历史的眼光。我们至少应从五个方面思考问题，然后做出综合判断。

1. 充分考虑和氏璧的宝石学、工艺学特征

和氏璧的宝石学特征首先是"有璞"，璞是指未经雕琢加工的玉，《战国策·秦策》言"郑人谓玉未理者璞"，《玉篇·玉部》谓"璞，玉未治者"，但卞和这块"璞玉"，竟然连楚国的御用"玉工"——相玉大师都两次认为是没有什么价值的"石头"。由此，我们可以理解为即玉肉外表被一层"石壳"包着，这一特征最为重要。

其次是具有"正而视之色白，侧而视之色碧"的变彩现象。这一条是传说，最多仅供参考；如果进一步推敲，则极有可能是想象、附会之词！对此，

今天的人们大可不必认真。试想，和氏璧如果有这样的变彩奇观，在历史上早就大书特书、闻名天下了，譬如当年蔺相如捧璧出使秦国，奉上宝璧，秦王欣喜异常，赏玩再三后递给左右观赏……对如此重要的历史事件、如此精彩的紧要关头，史书中定会有所记载、加以评论甚至渲染；再后来，秦国荡平天下，一统神州，六国奇珍异宝尽归秦始皇所有，和氏璧作为宝中之宝，其正面看色白，侧面看色碧的现象，定会被史家尽兴描述一番，为什么要等到1800年后，唐末的道士杜光庭出现，才来记录和氏璧的这样一个如此典型的特征呢？！

从和氏璧的工艺学特征角度考虑。卞和"抱玉璞于楚山中"，后解璞见玉后，美玉被加工成了"璧"，可想这块玉料体积不小——块度小的玉料不可能做得成玉璧。

2. 了解玉文化发展史上的重大变迁

分析和氏璧问世以前及问世时中国古玉发展的历程，可以较为清楚地看出，玉器的使用经历了几个重大的历史阶段。第一阶段为新石器时代，在这个阶段，玉石由最初的原始工具上升为装饰材料，再发展为一系列经典形制的玉器，逐步完成了与原始宗教相融合的过程，变成了神灵的化身，第二阶段为夏朝至商朝中期，在这个阶段中，玉器走上了

凌家滩遗址玉璧

和国家礼仪相结合的道路，进入了国家典章的殿堂，演变成为了礼器，成为了政治权利、尊严的象征。第三个阶段为商朝晚期、周朝至卞和所处的春秋

龙纹玉佩（战国）

龙纹方形璧

时代乃至战国时代，在这一阶段，玉器不仅是礼器，是政治权利、尊严的象征，还是财富的象征，甚至变成了外交和战争的工具。商代玉器的巅峰盛况、西周礼制对玉器的阐释和应用，是这一历史阶段玉文化的集中体现。而"礼崩乐坏"后的春秋时期，一些诸侯国借助于在玉观念上对周礼的崇拜和遵循，常常用玉器来标榜自身的地位，是用玉的一大特点。

在新石器时代、夏朝至商朝中期，选择什么玉料来制作玉器没有特别的讲究，玉料之间的价值差别不大，只要"石之美"者即可。从辽河流域的新乐文化和红山文化来看，玉器所用玉材大多为"老岫岩玉"，即蛇纹石玉；从黄河流域的仰韶文化、大汶口文化、龙山文化和齐家文化，长江流域的大溪文化、石家河文化、河姆渡文化及良渚文化，河南郑州二里岗，河南偃师二里头，河北藁城台西村，湖北黄彼盘龙城等古遗址所出土的大量文物看出，当时的玉器"大多是用硅质、石英、透闪石、阳起石等玉材制成"（杨伯达《中国玉器全集》）。

到了商朝晚期，出现了一个重要的情况，中原地区出土墓葬中开始大量出现和田玉，如在商朝晚期的河南安阳殷墟妇好墓等古墓中，就发现了用来源于新疆的羊脂白玉琢制的多种玉器。这一情况标志着玉观念的重大变化或转折：在商朝晚期，和田玉开始登上了"玉石之王"的宝座，人们开始认为和田玉的价值最高。

从和田玉东进中原的历史过程中，考古学家认为：殷商时期的玉器、这一时期的用玉范围、用玉习惯和用玉观念，在中国玉文化发展史中有着重要的坐标作用，蕴藏着我们分析研究古代玉器、对玉文化作时代划分的大量重要依据。

殷商王朝（公元前16—前11世纪）开始于商汤灭夏，结束于武王伐纣，历时600多年。其疆土辽阔，东至海滨，西到陕蜀，南达长江之南，北出长城以北。殷商前期，商朝的都城在河南商丘；后来盘庚将都城迁到了河南安阳，即史书上记载的"盘庚迁殷"。"盘庚迁殷"是文化发展的一个分水岭，"盘庚迁殷"后，社会的生产力和文明程度进一步发展，大规模的国家政治机构得到了加强

玉璋

和健全。在文化方面，有了严谨的甲骨文书契，有了威武庄严、精美绝伦的青铜器物，这些文明成果的出现，揭开了我国古代文明历史的序幕。殷商后期的社会文明发展有三个特点，这三个特点对我们分析、判断和氏璧可能是什么材料，有着不可忽略的意义。

殷商后期社会的第一个特点：出现了商业。由于社会比较稳定，农业和手工业得到发展，产品出现了过剩，剩余的产品发生了交换——商品出现了，有了商业。第二个特点：出现了原始货币——贝，有利于商业交往范围的进一步扩大和发展。第三个特点：交通工具有了突破性的进展。车和船出现于交通贸易之中，方便了远距离的交往和贸易。根据这三个特点和大量的出土玉器，可以判断：新石器时代至商代中期的各种玉器，其玉料大多是就地取材，先民们在非常艰苦的条件下，通常是在人力所能及的范围内获取玉料；殷商后期的社会状况，使各种玉石在较大范围内流通成为可能，促使产自遥远新疆的美玉和田玉进一步东进中原，其温润、细腻的质地，优美的玉色，渐渐

成为国人玉石审美情趣的主体，又逐渐形成了礼玉文化观念，进入了中国古代国家统治理论，在西周的礼仪制度中被固定了下来，终于登上了尊贵和富丽的统治地位。

黄琮

实际上，在商朝中期，我国玉器就开始由原始社会的彩石玉器时代，进入了以和田玉为主为尊的时期。这一时期其主要特点为：①出现了以殷都为中心的玉器制造业；②殷王室设有专门制作玉器的手工作坊；③有了一支具有规模的琢玉队伍；④殷都王室以纳贡、交换或掠夺等手段，向各国取玉或征玉。

在考古活动中发现，西周时期所用玉材多为新疆青玉、碧玉、白

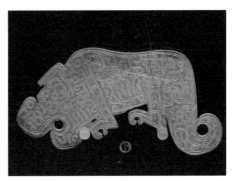

玉琥

玉、蓝田玉、岫岩玉和南阳玉；春秋和战国时代，玉璧多用新疆的青玉、白玉、碧玉等为材料，就证实了用玉的历史演变。

3. 充分考虑卞和所处时代的玉观念

判断和氏璧是什么玉？我们应该了解春秋和战国时期的玉文化、玉观念，那一时期什么玉的价值最高？什么玉器的地位尊贵？

东周时期，在诸侯国特别是在楚国这样的大国中，礼玉文化之风仍然盛行，对各种玉料有着明确的贵贱认识。春秋和战国时期，人们认为新疆和田玉的价值最高，君王使用的礼器地位最为尊贵。

很难想象，相玉高人卞和会把普通的玉（尽管这玉很漂亮）贡献给最高

领导人；此理就如同当今中国人普遍认为高档翡翠最贵重、最值钱，而作为一个深谙世事的珠宝鉴赏家，绝对不会把一枚非常美丽但并不值钱的绿玉髓戒面或"水沫玉"首饰，郑重其事地送给非常重要的领导或朋友。

　　一句话：只有价值得到世人认可，既尊贵又美丽无比的玉，卞和才可能将其献给君王，也才能被楚王看中并用来制成玉璧。

　　4. 充分了解卞和所处时代的用玉规定、用玉习惯

　　春秋和战国时期哪些玉才能供贵族使用？供君王使用的玉必须是什么玉？

　　我们不妨了解一段简单的历史年代表。

　　盘庚在位——公元前1300—前1277年，用玉习惯开始有了重大改变，和田玉进入中原，人们的审美观点发生改变，和田玉成为贵重玉种，贵族阶层喜爱用其制作玉器。

和田玉双凤璧

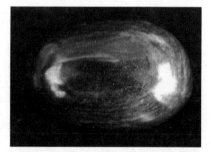

和田玉（未切开时的外观）

　　西周——公元前1046—前771年，和田玉登上了"玉石之王"的宝座，用和田玉制作"六器""六瑞"等器物，已经固定在西周的礼仪制度中，在当时的全部玉料中，和田玉有着不可动摇的统治地位。

　　卞和第一次献宝——约为公元前747（楚厉王10年）—前741年（楚厉王末年），卞和完全知道当时社会的玉观念、玉文化。

　　卞和第三次献宝——约公元前689年（楚文王元年），卞和已是70多岁的老人，饱经沧桑，深知什么档次的玉才能献给君王；楚国宫廷内的玉雕大师，同样深知什么样的玉才配作为国之重宝，因为楚国是非常讲文化、重礼数的"泱

泱大国"啊!

　　并非只要是美丽的玉,就能够被世人认同;绝非只要是美丽的玉,就能够用其作为国之重宝,此理古今相同。根据典章经籍及古代的宫廷文献记载,卞和所处时代最具权威性和代表性的玉石,是和田玉中的羊脂白玉。和田白玉禁止老百姓使用,且白玉是君王专用之玉,君王头戴的冕旒、国之重宝玺、君王服饰用的玉佩玉带等,都必须选用上佳的和田白玉,国家祭祀大典用玉,若不特指明某种玉,则专指和田白玉——卞和对此非常明白,这一条至关紧要。

5. 充分考虑楚国宫廷玉工的相玉水平

　　春秋和战国时期,诸侯的御用"玉工",用现在的话说,应该算是高水平的"珠宝专家"了——楚国宫廷玉工绝对是相玉高手或"玉雕大师",对于产于楚国的玉石毛料,对于常规的玉料,不可能不认识。文献记载,楚王在下结论前,都请了宫廷玉工作了一番鉴定,但相玉高手却看不懂。

　　除了以上五个因素,我们还应该有所考虑。首先,韩非是战国时期著名的思想家、变革家、法家,他本人可能对宝玉石知之不多,他写"和氏"的目的不是为了和氏璧而写和氏璧,而是借卞和的故事,说明要君王接受一件新的事物——法家治国的方略,是多么的艰难!"和氏"一文对和氏璧的记叙,只能是模糊或粗线条的,我们的思想不能被完全限制在里面。

　　其次,卞和抱璞于楚荆山,不等于玉璞就产于荆山(荆山有多个)。这道理很浅显:云南市场上有翡翠,广东市场上有翡翠,北京、台湾等地也有翡翠,但绝不等于这些地方出产翡翠。又如,分布于太湖周围的良渚文化,出土了大批玉器,确知其中多为透闪石‒阳起石同象系列成分,即软玉。极少数为蛇纹石、叶蜡石、萤石、绿松石、玛瑙等其他石质的玉,而太湖地区至今尚未发现有闪石矿(软玉)的存在。太湖流域出土的软玉玉件,极有可能来自新疆、青海或其他地区,甚至来自朝鲜、中国台湾也有可能。有人认为不可能:5000年前既无文字,又无交通工具,从数千里之遥运来,又成批随葬墓中,实在不可思议。其实,古人对自然的探索,对信念的执着和百折不回的献身精神,比起今天的人来并不逊色。为寻找美玉,揭示奥秘,实现理想，先贤们登崇山峻岭、入峡谷深渊、涉险阻不毛之地，荒原旷野，雪山冰河，无所不至，其辛苦、卓绝，令人难以想象；其对于石质真伪优劣的判断能力，也是我们今天难以想象的。况且，在春秋和战国时期的社会里，商品、原料、器具的交换已经是很平常的事，流通的渠道也是很多的。只在"楚国""荆山"范围内或附近探索和氏璧的产地，考证其石质，是否显得短视？

6. 对和氏璧是何种玉料的技术分析

千百年来，尤其是在近代，许多专家对和氏璧的玉料进行过可贵的探索，有过许多不同的推断或推测，诸如推断和氏璧为和田玉、拉长石（月光石）、蛋白石、绿松石、玛瑙、岫玉、冰洲石等。

近来，又有学者发表文章，认为和氏璧可能是独山玉……真是众说纷纭，莫衷一是，有鉴于此，笔者用排除法作出以下具体分析判断。

表 8-1　被认为可能用来制作和氏璧的玉料

序号	玉石名称	产　地	原石外表状况	块　度	玉肉颜色	特殊光学效应	综合判断
1	玛瑙	辽宁、内蒙古、宁夏、江苏等	有完整的石皮	足够制璧	白、绿、红、黄、橙、黑	荧光、光彩	美丽斑斓，但价值低，不可能作为国之重器
2	拉长石	云南、新疆、内蒙古、印度、斯里兰卡等	无石皮	裂隙多、解理明显，不能制璧	蓝色、灰色等	变彩	无璞，裂隙多，制不了璧
3	月光石	云南、印度、斯里兰卡等	无石皮	块度小，不能制璧	白、浅白等	猫眼	块度小，易识别，制不了璧
4	绿松石	湖北、河南、陕西、土耳其等	可有少许外皮	足够制璧	蓝、绿蓝、浅蓝、灰	无	楚国盛产的玉料，楚国玉工不可能不认识
5	蛇纹石玉（岫玉）	辽宁、广东、甘肃、云南、广西	有完整的石皮	足够制璧	黄、绿、褐黑、白等	可见猫眼	价值低、硬度低，统治阶级不认同，不能成为国之重宝
6	和田玉	新疆	有"石包玉"璞料	足够制璧	白、青、黄、绿、黑等	可见猫眼	价值高，玉质美，得到上层认可，可为国之重宝
7	猫眼软玉	四川、新疆	可有较完整的石皮	可制璧	黄绿色、浅绿色	可见猫眼	有一定可能性

序号	玉石名称	产 地	原石外表状况	块 度	玉肉颜色	特殊光学效应	综合判断
8	独山玉（南阳石）	河南南阳	有石皮	足够制璧	白、绿、紫褐等色	无	美丽，受到认可，但楚国玉工不可能不认识
9	翡翠	缅甸等国家	有完整的石皮	足够制璧	绿、红、黄、蓝、白、紫、黑等	上好玻璃种翡翠有荧光	当时不可能到荆山，卞和也不可能认识翡翠
10	孔雀石	湖北、甘肃、云南、广东等	可有少许外皮	足够制璧	浓绿、条痕状淡绿等	可见猫眼	盛产于楚国，楚国玉工不可能不认识，不做玉璧
11	昆仑玉	青海、新疆等地	可有较完整的石皮	足够制璧	白、青、黄、绿、黑等	无	价值不够高，成不了国宝
12	青海翠（钙铝榴石）	青海、缅甸	可有少许石皮	足够制璧	白、灰白绿、黄等	无	价值不被认同，成不了国宝
13	蛋白石	澳大利亚、巴西、美国、墨西哥等	可有较多的石皮	体积较大可制璧	灰、黑、绿、红蓝黄斑斓	七色光变彩	未得到重视，价值一般，不可能为国之重宝
14	钠长石玉	缅甸	有完整的石皮	足够制璧	白、灰白、带絮状绿	有荧光	楚国一带无此物
15	玉髓	辽宁、内蒙古、云南、新疆、台湾	有完整的石皮	足够制璧	白、绿、黄蓝、红等	有荧光	未受到重视，价值一般，不可能为国之重宝
16	东陵玉	新疆等地	可有少许外皮	足够制璧	绿、浅白、黄、蓝绿色	无	价值低，不可能为国之重宝
17	蓝田玉	陕西蓝田	可有较多的石皮	足够制璧	黄、米黄、苹果绿	无	价值一般，不难识别
18	贵翠	贵州	可有少许石皮	足够制璧	绿、蓝绿	无	价值低，不可能为国之重宝
19	澳洲玉	澳大利亚、斯里兰卡、印度等	有完整的石皮	足够制璧	绿、蓝绿	无	楚国一代无此玉。价值不被认可，不能做璧
20	天河石	云南、新疆、巴西、美国、印度	可有少许石皮	可制璧	灰、白、浅黄、绿色等	无	容易识别
21	冰洲石（方解石）	冰岛、美国、英国、中国云南等地	无石皮	三组解理完全，不能制璧	灰、白	无	容易识别，价值一般，不被认可

在表 8-1 所列出的宝玉石中，最有可能的和氏璧玉料，以往呼声最高的是新疆和田玉、拉长石、月光石、蛋白石及玛瑙。

（1）和氏璧材质是拉长石、月光石一说的依据，主要是它们有特殊光学效应，似乎与"正而视之色白，侧而视之色碧"能沾上边。

月光石又称月长石，它和拉长石都是长石大家族中的一员。但稍作分析，便可推翻此说：第一，拉长石和月光石都没有璞，可一目了然地认清其状况；第二，月光石的矿物直径很小，据宝石学、矿物学以及商业界的资料统计，至今未发现直径大于 10 厘米的月光石；第三，拉长石的块度倒有大的，但裂

拉长石

月光石猫眼

隙多、解理明显，不能制璧。所以，不可能用拉长石或月光石制玉璧。

（2）和氏璧材质是蛋白石一说，较早的提出者是中国地质学会首任会长章鸿钊先生，其推理的根据是唐末道士杜光庭《录异记》里关于"正而视之色白，侧而视之色碧"的记载。章先生也承认，"案《录异记》语多诡诞，如岁星之坠荆山化为玉……同为穿凿之词，不足深辨"。所以，章先生对于该说也未置可否。

对于和氏璧有可能是蛋白石一说，张庆麟先生于 2000 年在《宝石的传说与鉴赏》中批评说："也有人认为和氏璧可能是蛋白石，因为有些蛋白石可能产生类似和氏璧那样的'正而视之色白，侧而视之色碧'的效应。但此说也拿不出更多的证据。"

蛋白石是矿物集合体，可以呈现较大的体积和重量。在块度、外观、玉肉等方面，可以满足制璧的要求。如 20 世纪 80 年代末，在澳大利亚发现一

颗世界上最大的蛋白石，重量为5.27千克。该石未经打磨，就呈现出彩虹般的艳丽光彩，十分迷人。

蛋白石

但和氏璧是否为蛋白石所制？在珠宝界、史学界有许多不同的观点：第一，持蛋白石说的主要依据是"正而视之色白，侧而视之色碧"的记载，而这一记载有多少可靠性、准确性？为什么这一记载在和氏璧面世1800多年后才出现？不可思议！第二，蛋白石在春秋和战国时期价值一般，对于一般的材料，即使美丽无比，也不可能被宫廷认同用其制作国家级的宝物［见王春云，驳和氏璧材质蛋白石说．中国宝玉石，2008年第1期(总第69期)，124–125］。

（3）和氏璧材质是玛瑙一说。主要依据是玛瑙有璞——被一层厚厚的石皮包裹着，并且玛瑙非常美丽，具有"沉光内灼，浮景外鲜，繁文缛藻，交采连接……"（魏文帝曹丕·玛瑙勒赋）的美妙特征。玛瑙之美，主要在于其色彩和纹理。玛瑙的色彩和纹理变化无穷，美不胜收，为此珠宝界有"千种玛瑙万种玉"之说。在宝石学中，玛瑙呈半玻璃光泽至玻璃光泽，属于隐晶质的硅质玉，呈不规则的块状产出。玛瑙主要以颜色、纹理和内部包裹体特征命名，按颜色分有红玛瑙、蓝玛瑙、黑玛瑙、绿玛瑙等；按纹理特征分，内部纹路如丝状缠绕的称缠丝玛瑙，内部包裹体若青苔分布的称为苔藓玛瑙，内部包裹体若柏枝状的称为柏枝玛瑙，有红白相间纹理的称为夹胎玛瑙，有黑白相间纹理的称为截子玛瑙，内部有水泡的称为水胆玛瑙……南京一带所见的雨花石，亦属于玛瑙的范畴。

和氏璧是不是玛瑙？持否定态度的专家认为，在卞和所处的时代，玛瑙的使用已相当普遍，虽然玛瑙外部有一层厚厚的皮，但楚国的玉工不可能不认识玛瑙；玛瑙的出产地很多，产量很大，价值较低，卞和以及后来的楚文王君臣不可能不知道。玛瑙的价值于当时并不为世人所重视，用其来制作国之重宝玉璧，不可能。

此外，从各个时期出土玉璧的情况来看，玛瑙玉璧非常少。春秋和战国时期的玉璧，其材质大多数为和田玉，其次为蛇纹石玉（岫玉）、蓝田玉（蛇纹石化大理岩）、石英质玉，没有发现用玛瑙制作成的玉璧。只是到了西汉时期，从出土墓葬中才发现有玛瑙玉璧。

归纳人们对和田玉材质量的认识，对于和氏璧是什么材质，学者们分歧很大，如郝用威（1984）、栾秉璈（1989）、赵松龄和陈康德（1992）及邢宵若（1998）等以章鸿钊（1921）的观点为基础，认为和氏璧是斜长石（含拉长石和月光石）。闻广（1989）、钟华邦（1995）等认为是软玉。李强（1993，1994）和李海负（1994）则认为是绿松石。也专家有认为是独山玉（栾秉璈，1989；霍有光，1989）。盛科元（2003）认为是冰洲石。

玛瑙玉璧（西汉）

软玉

冰洲石

绿松石

7. 对和氏璧的综合分析结果

笔者综合分析，再结合对各个玉种的具体分析，同时对各个时代，特别是春秋和战国时期出土玉璧的材质进行分析统计后，做出以下判断。

首先，和氏璧是由带璞的和田玉制作而成的可能性最大；其次，和氏璧亦可能是用石包玉的猫眼软玉制作而成。

和田玉又称"和阗玉"或昆山玉，主要产于昆仑山北麓。早在新石器时代，先民们就发现了和田玉，并将其作为瑰宝和友好的媒介向东西方运送和交流，形成了中国最古老的和田玉运输通道"玉石之路"，即后来的"丝绸之路"的前身。和田玉目前有两个主产地：一个是从于田县向南，进入昆仑山中的阿拉玛斯矿区，那里出产最好的和田白玉山料；另一个就是由和田市往南，沿白玉河溯源而上，那里是盛产历史悠久的仔玉、山流水料的源头。和田玉玉质细腻，光泽柔润，质地坚硬而有韧

猫眼软玉

性，颜色丰富，品种繁多。"和阗"在当地的维吾尔语中，意思为"玉石村镇"。1863 年，法国的德穆尔（Alexis Damour）先生，仅仅根据和田玉和翡翠的硬度差别，将和田玉称为软玉，将翡翠称为硬玉。和田玉近代也称为软玉，是玉石中的名贵玉种——其中有羊脂高白玉、白玉、白玉子、葱白玉、葱白玉子、青玉、青玉子、青白玉、青白玉子、青花玉、青花玉子、墨玉、糖色墨玉、碧玉、黄玉等珍贵品种。

特别需要指出的是，如果仅从玉料是否有璞、玉料是否具备"正而视之色白，侧而视之色碧"的特殊光学效应、玉料的美丽程度及玉料的产地来考虑问题，而没有从 8000 余年中国玉文化的发展历程，尤其没有从商代至春秋时期，国家统治阶级用玉观念发生了重大变化，来进行综合分析而作出的结论，

难免带有局限性和片面性。

　　笔者以为，判断和氏璧到底是什么玉，玉料是否有璞、玉料的美丽程度是基础，玉料的块度（是否做得成璧）、楚文王时期国家政治及贵族阶层对玉的价值观、审美理念是关键，而和氏璧是否具备"正而视之色白，侧而视之色碧"的特征最多只能作为参考因素；对于和氏璧玉料的产地，则完全可以扩大范围来考虑。

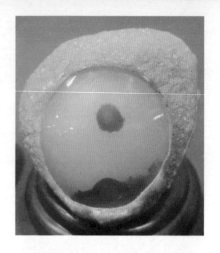

　　笔者还以为，在没有见到和氏璧的情况下，花过多精力和财力去考证、推断和氏璧是何玉料，在今天其实并没有太多实际意义！因为，人们看重和氏璧，主要是赞叹卞和的执着、坚贞和求真精神，主要是称赞蔺相如为了维护赵国利益，所表现出来的忠诚、智慧和果敢；人们难忘的是和氏璧空前绝后的传奇经历和十分特殊的历史人文背景。

顽石之内玉质可佳

所以，重要的是明白什么是玉璧，在思路上认清和氏璧不可能被雕制成玉玺，以免继续以讹传讹。当然，将来能否找到这一奇珍，也是世人非常有兴趣的事。

四、"荆山抱玉"的荆山在何地？

　　在中国，名为荆山的地名共有四处。

1. 湖北省荆山

系湖北省名山，因古代山上长满荆条得名，位于中国湖北省西部、武当山东南、汉江西岸。东南谷地宽广，西北巍峨陡峻，呈西北—东南走向。这一地区处于几个大地构造单元的接触带上，南北段均为强烈褶皱和复杂断层地区，但北段褶皱紧密，多逆掩断层；南段褶皱稍缓，以块状断层为主。地貌上，西北部山高谷深，巍峨陡峭，沟壑纵横；东南部山低谷浅，坡度略缓，稍显开阔，但均为喀斯特式中、低山地。喀斯特漏斗、溶蚀洼地均发育于山顶面上，属山原期喀斯特形态。其高度由西北向东南略减，主峰聚龙山 1852 米，最高点望佛山 1946 米。长江支流沮河、漳河源于山南，汉江支流蛮河源于山北。名胜古迹有抱璞岩、白马洞、响水洞等。其中，抱璞岩传为春秋时代卞和得玉处。

2. 陕西省荆山

在今陕西省富平县西南。相传大禹铸九鼎于此。《书·禹贡》："导岍及岐，至于荆山。"孔颖达疏："《地理志》云：《禹贡》北条荆山在冯翊怀德县南"，《后汉书·郡国志一·冯翊》刘昭注引晋皇甫谧《帝王世纪》："禹铸鼎於荆山，在冯翊怀德之南，今其下〔有〕荆渠也。"

3. 河南省荆山

在今河南省灵宝县阌乡南。相传黄帝采首山铜铸鼎于此。亦名覆釜山。《史记·封禅书》："黄帝采首山铜，铸鼎於荆山下。"

4. 安徽省荆山

在今安徽省怀远县西南。《郡国志》曰："平阿县有当涂山，淮出于荆山之左，当涂之右，奔流二山之间，西扬涛北注之。"《资治通鉴·后周世宗显德四年》："帝驰至荆山洪，距赵步二百余里。"

根据史料分析和有关资料考证，"卞和抱玉"的荆山是湖北省的荆山，而不是陕西省、河南省和安徽省的荆山。

和氏璧解谜

五、关于和氏璧的价值评估

怎样评估和氏璧的价值？这是千千万万关注和氏璧情况的人们非常感兴趣的一个问题。

评估一块美玉的价值，主要应该从玉石本身具备的物质美、玉件的工艺美、玉石的稀有性、耐用度和人文历史因素等方面来进行权衡和评价。

①物质美。包括玉石的质地、颜色及颜色的特征（如颜色所形成的特殊纹饰图案，颜色相互之间、颜色与整块玉器之间的映衬效果）、光泽度、透明度、纯净度、特殊光学效应等。和氏璧的玉料肯定美丽无比，更被后人传说是具有"正视色白，侧视而色碧"的特殊光学效应的宝物，因此令人无限遐想。

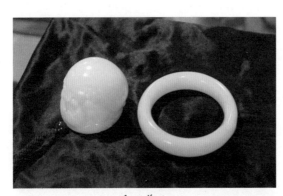

和田美玉

②工艺美。包括在玉石天然形态、天生丽质的基础上做出的构思、设计、雕镂、打磨和抛光等过程。在这个过程中，人赋予了僵硬的石头以鲜活的灵魂，形成了美丽、庄重、高贵的形象。在设计和加工中，必须最大限度地利用、挖掘玉料的优点，去除其疵病。"荆山之玉"被楚国顶级的玉雕大师设计制作成了"六器"之首玉璧，作为国之重宝，我们有理由相信，其工艺达到了那一时代的巅峰。

③稀有性。古往今来，

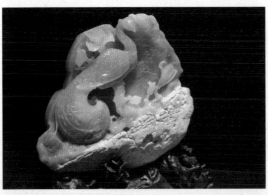

顽石与孔雀

美玉数不胜数，美玉中的精品亦是灿若星辰，但卞和只有一个，和氏璧仅有一块，其公认的稀有性和不可再生性，无论是在中国历史上还是在世界文明史册中，都是绝无仅有的。

④ 耐用度。作为和氏璧的玉料（无论和田玉还是独山玉、蛋白石等），具有稳定的化学性质，具有足够的硬度和韧性，这是毋庸置疑的。因为，在众多出土的文物里，数千年乃至上万年的玉璧，都保持着完好的光泽、硬度，化学性质也未发生改变。

⑤ 人文历史因素。和氏璧的经历，用惊心动魄、惊世骇俗、跌宕起伏、荡气回肠等词语来形容，都不为过。楚人卞和慧眼识宝，抱璞荆山，历经三代楚王，终于使璞玉的价值显现，为天下人所认同，其间所经受的痛苦和磨难，世所罕有；卞和为信念而置生死于度外的那种勇气、那份执着，足以感天地。和氏璧从辉煌问世到不翼而飞，从身价连城到完璧归赵，从落入秦皇之手到神秘消失，以及此后延续了 2000 多年的种种离奇传说……和氏璧经历了太多的大惊大险，大悲大喜。因为有了和氏璧，才使玉的形象更加美好，才使玉的价值更为国人所看重，也使人们明白了许多社会现象和道理。和氏璧承载了太多的人文历史事件，这在中外文明史中还能找出第二个这样的例子吗？

如何评估和氏璧的价值？许多人认为其价值连城，因为当年确发生过秦王用15 座城池来换取和氏璧的历史事件；也有人认为它就是一块

楚王赏璧

和氏璧解谜

流行于旧世的玉璧，不会值太多的钱，更不可能"价值连城"，因为秦王开的那个价，纯属引诱和欺骗，毫无诚信可言。几千年来，人们对和氏璧的价值有着太多的评论。衡量特殊物质的价值，必须与社会的接受程度、老百姓的认可程度相结合，必须综合考虑物质、精神、政治、历史和人文等因素。和氏璧在世世代代中国人民心中的美好形象和地位，和氏璧对中国玉文化、玉观念的深远影响，和氏璧所承载的人文精神和历史事件等，

卞和抱璧图

不是用金钱和物质所能够衡量的。当代著名古玉学家周南泉先生在谈到文物的价值时说过：珍贵的古文物固然有其连城的价值，但它的真正价值远不是用金钱可以来衡量的，它是一个国家和民族发展的实物见证，让后人从某些侧面窥见先祖们在创造历史、文化、经济、艺术及生产生活等多个不同的真实场面。

大象无形，大美无言，大宝永恒，和璧无价，这才是正确的答案。

第九章　和氏璧不可能改制成秦玺——传国玉玺

一、璧的结构和尺寸不可能改制成玺

　　和氏璧的行踪在楚、赵、秦之间，属于长江中游和中原地区。据考古记载，在新石器时代晚期，中原地区的仰韶文化、龙山文化，长江中游地区的大溪文化、薛家岗文化、屈家岭文化和石家河文化中，都出土了大量的玉璧，这些玉璧的几何形状都符合"扁圆状，内孔小于孔外玉肉尺寸"的规律。至于燕辽地区的红山文化、江浙一带的良渚文化等，出土的文物中也均有扁圆状、内孔小的玉璧。玉璧到了春秋、战国乃至汉代以后，虽做工越来越精细，璧上的图饰越来越精美，但都遵循着古代璧的外形特征。

　　在众多的出土玉璧中，比较典型的有：良渚文化时期浙江余杭反山墓出土的125件玉璧、殷墟妇好墓出土的凸缘璧、春秋和战国时期楚国的素面璧、春秋早期河南光山出土的黄君

玉璧

孟夫妇蟠虺纹璧、红山文化黑龙江伊兰县倭肯岭哈达洞穴遗址的素面璧、春秋时期秦国玉璧、春秋后期战国初期的白玉双螭素面璧、战国时期的白玉螭虎双瑗复合璧、山东青州出土的汉代"宜子孙"出廓白玉璧、河北满城西汉中山靖王刘胜墓出土的透雕双龙卷云纹出廓白玉璧、清中期黄玉龙纹出廓玉璧和镂雕凤纹璧，通过这些风格各异的玉璧，我们感受到了历史的变迁和文明的进化。

麟凤谷纹璧

春秋玉璧

白玉双螭璧

复合璧（战国）

宜子孙（东汉）

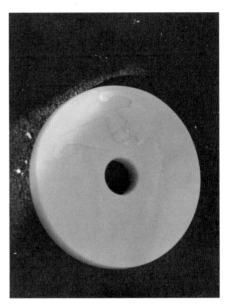

蝠纹玉璧

玉镂雕"长乐"铭双螭出廓璧（东汉）

通过本文中所提及的璧的资料，我们对璧的几何形状特征有了了解。和氏璧是什么形状？大家都没有见过，但因为是璧，所以其几何形状与其他的玉璧必定大同小异。历史上的璧的尺寸又如何呢？对此，笔者作了一些统计和归纳，我们可以结合有关图形和表 9-1 中的内容，发现基本的特征和规律。不难理解和发现，将璧改制成玺的说法根本站不住脚，甚至是很荒谬的！

表 9-1　历代玉璧基本尺寸举例

单位：厘米

序号	玉璧	外径	孔径	厚度	备注
1	浙江余杭反山墓地（良渚文化）	10～20		薄	23 号墓，54 件
2	河南殷墟妇好墓（商，西周）	11.6	5.7	孔厚，1.4	边厚 0.2
3	楚国玉璧（见《中国宝石》总第 45 期）	3～4.5	孔很小	0.4	共 4 个
4	河南光山黄君孟夫妇墓（春秋早期）	11.6	最大处 6	0.3	最小厚度 0.2
5	黑龙江伊兰县倭肯岭哈达洞穴遗址	4.5		薄	最大外径 6.3
6	秦国玉璧（春秋早期）	2.3～29.7	大 5.94	0.3～0.9	小孔不详
7	白玉双凤涡纹璧（春秋后期至战国初期）	12.8	2.3	0.4	
8	碧玉螭虎双璇复合璧（战国，美国纳尔逊美术馆藏）	最高处 12.8		薄	同孔雕刻螭虎
9	白玉璧（东汉，山东青洲出土）	20.7（高 30）	有孔	0.6	
10	双龙卷云纹出廓白玉璧（西汉中山靖王刘胜墓）	13.4	4.2	0.6	
11	双身龙纹璧（汉，台北故宫博物院藏）	20.6	有孔	薄	
12	侧身凤纹璧（北京故宫博物院藏）	5.5	2.1	0.4	

关于璧的基本尺寸，尤其是璧厚的尺寸很小，还可以举出很多例子。从表 9-1 中可以很清楚地看出，璧不可能改制成为玺，玺代表着封建专制国家的最高权力，必须具有威严、大方、厚重等形象特征。

二、秦玺的尺寸与形状

据记载，秦玺的尺寸是方 4 寸，螭虎纽，高 3.6 寸（此处所用"寸"为"秦寸"，1 秦寸 =2.31 厘米），所以秦玺的尺寸为 9.24 厘米 ×9.24 厘米 ×8.32 厘米（长 × 宽 × 高）。需要指出的是，方 4 寸，高 3.6 寸是玉玺雕刻、打磨后的尺寸，而制作玉玺的玉料，其尺寸肯定要大于成品，但在表 9–1 中最厚的璧仅仅为 1.4 厘米。另据考古工作者研究统计，璧的厚度一般不超过 2 厘米。虽然古代历史上最大的璧，为四川广汉地区出土的（约为西周后期）用灰黑色石头制成的石璧，其直径、孔径和厚度分别为 70.5 厘米、19 厘米、6.8 厘米，重百斤以上，但那不是礼器，更不是国宝，而是作为陪葬用的葬器。至今，在人们所发现的璧中，根本就没有见到过厚 8.32 厘米以上的玉璧，所以和氏之璧与秦玺、传国玉玺不可能有联系。

有些持"传国玉玺由和氏璧改制而成"观点的专家学者认为，和氏璧是圭璧、璧琮或其他玉器这样的观点近乎于荒唐！因为和氏璧只能是璧，不可能是其他器物。再说，圭璧是制不成玉玺的；如果和氏璧是能够改制出玉玺的"璧琮"，则此器物的体积和重量必然巨大（用"璧琮"来制玺，对玉料的浪费极大），无论是卞和也好，蔺相如等人也罢，都是捧不起来的。史料记载，和氏璧在公开的场合，是被捧着献给君王的。

首先，尺寸因素决定了璧不可能改制为玺；其次，假设和氏璧硕大无比（假设年老体衰且腿残之人卞和力大无比，能捧得起这玉璧的原石——玉璞），可以改制为玉玺，但以秦王嬴政的智慧和眼力，也不会毁弃这价值连城、绝无仅有的瑰宝，去雕刻一方玉玺，因为可用来制作玉玺的上等玉料在秦国实在是太多了！

璧琮

和氏璧解谜

三、诈术、迷术及概念模糊等原因造就了千古迷阵

当弄清了什么是璧、玺，弄清了古代玉器的形制、形状、尺寸特征和功能等问题后，我们会觉得璧不能改制成玺，这是一个很简单的道理！也许有人要问：如果问题果然这样简单，那么身价尊贵的皇帝们以及封建统治阶层，怎么公然会用一个简单的问题来愚弄普天之下的人们呢？而历代又怎么会有那么多的人，包括不少专家学者们，迷而不悟呢？其实，在中国封建社会中，由权术、诈术产生出的怪圈多而又多，这样的迷雾能传播 2000 多年而不见明朗，其实一点都不奇怪。

分析、判断和氏璧能否改制成传国玉玺这一问题，如果抓住了关键，弄清了璧、玺的几何尺寸等情况，则很简单；但需要指出的是，由于很多人并不了解古代玉器的形状特征，而封建统治者及其维护者在这个问题上处心积虑施行的诈术与迷术，再加上中国文字、文辞概念的高度概括性，文字、文辞在某些情况下的模糊性，以及人们"宁肯信其有，也不信其无"的心理定势等原因，致使这个问题十分复杂。在此，笔者站在质检工作者的立场上，从分析假案、疑案的角度，来拨开这一千古迷雾。

秦始皇 26 年（公元前 221 年），秦扫灭六国，统一天下，天下奇珍和氏璧当然归秦所有。和氏璧归秦后的情况，自然是万众瞩目。首先，和氏璧不能改制成秦玺，但为什么世人会认为秦玺是和氏璧改制而成？这是巧妙的诈术所致。试想，如果有和氏璧改秦玺这样一桩历史事件，在秦朝的史册中，无论是官方的还是民间的史书上，肯定会有所记载，甚至大书特书。但在秦朝的史书上找不到这样的记载，连汉朝的学者都认为秦玺——传国玺是用蓝田玉所刻，历史到了晋代，才有文献记载传国玺系和氏璧所改制。对此，我们可以有两种推想：其一，没有璧改玺一事，秦玺是和氏璧所改的说法，完全是汉代以后的统治者编造出来的谎言；其二，璧不能改玺，但为了转移天下人对和氏璧的注意力，秦朝的统治者编造出了璧改玺。因为知道璧改玺的

说法站不住脚，璧改玺经不住历史的审查，所以在秦朝的史书上没有璧改玺记载，只记载了秦始皇用蓝田玉琢成了秦玺——传国玉玺，但是秦始皇通过非正规渠道，散布和渲染了谣言。根据秦始皇的为人以及当时盛传于世的与璧、玺有关的两个传说，笔者认为第二种情况的可能性最大，即秦始皇使用了诈术。

秦始皇既有雄才大略，又诡诈无比。关于和氏璧、秦玺（传国玉玺）的下落，在秦朝就已经成了迷天疑案。秦始皇28年（公元前219年），他率领一班文武亲信巡游天下：从咸阳出发，经华县，出潼关，历洛阳、开封，到达济宁、泰安，再至诸城，直达海滨琅邪；然后，南下海洲、徐州，渡淮河后西往凤阳、信阳至襄阳，沿汉水至汉阳，达岳阳、长沙；最后，经沙市、江陵、襄阳、商县返回咸阳。此行目的有二：一是宣扬"功盖五帝"的皇威，扩大秦王朝在齐、楚之地的影响；二是到泰山封禅，以显示其"受命于天"，以求"永昌"。这一次巡游，流传了两个虽然不同却相似的传说。传说一：泰山封禅——秦始皇一行在湘山祠渡江时，忽遇风浪，致使带在身上的一枚玉璧掉入了江里。传说二：行巡洞庭——"秦始皇一行巡狩至洞庭湖，风浪大作，舟将覆，急投玉玺于湖面而止……"（罗贯中《三国演义·第六回》）。投于湖中的玉玺，据说就是那枚用和氏璧改制而成的"传国玉玺"。这两个传说还有尾声：其一，秦始皇36年（公元前211年）秋天，陕西华阴平舒道上，有"山鬼"截住秦使者，献上玉璧并说了一句诅咒秦始皇的话，秦始皇第二年便死于巡游天下的途中。而那枚玉璧，就是八年前秦始皇巡游时掉入江里的玉璧；其二，

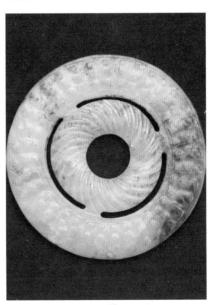

玉璧

秦始皇 36 年，华阴道上有人持玺挡道，将当年沉入洞庭湖的玉玺归还给秦始皇，秦始皇第二年驾崩。

以上两个传说，一个说璧，一个说玺，虽然有点出入，却有着异曲同工之妙。妙在一个"迷"字上：到泰山封禅，肯定要使用玉璧，是不是和氏璧？反正玉璧是掉入江里了。或者，用和氏璧改制而成的"传国玉玺"也落入洞庭湖里了，以致使现代都有学者认为"秦王政二十六年一统天下时，琢刻的原版和氏璧传国玺可能大约仍然沉睡在洞庭湖湖底，值得当今世人的深切关注"（王春云，秦代传国玉玺揭谜，珠宝科技，2003 年第 5 期）。秦始皇迷信鬼神，确有其事，时遇波浪滔天，若为镇住水怪，按秦始皇的性格，将其佩剑一类的兵器投入水中岂不更好？更有威力？有必要投入珍贵无比而又不带一点杀气的玉玺吗？

制造出这两个传说，恰恰暴露出秦始皇作了假，而企图使作假查无实据的良苦用意。第一步，散布"和氏璧改制成了秦玺"，将世人的注意力引到秦玺上（这样，和氏璧就已经不存在了！），但这样的说法是迟早要露出马脚的；所以，再造出流言，和氏璧改制成的秦玺已经沉入了洞庭湖，证据已经"销毁"，谁人能奈我何？第二步，为了迷惑不相信璧改玺的那一部分人们，使和氏璧能安全地占为己有，在到泰山封禅以后，传出了玉璧掉入了江里的流言，至于是什么璧，由世人去猜想，如果你认为那是和氏璧，则正中下怀。至于这两个传说的"尾声"，显然是后人编造的。笔者以为：

寿山石九龙玺（清）

五璜联璧

当初，璧或玺既没有落入江里，也没有沉入湖底。

有些持和氏璧被改制成了秦玺观点的学者，为什么坚持己见？他们认为，和氏璧可能是圭璧、璧琮一类器物。笔者认为，和氏璧不可能是圭璧、璧琮一类玉器，因为璧的形制在楚文王之前早有明确的规定，此其一；其二，即使是圭璧（尚未发现汉以前有圭璧），也绝对制不了玺；其三，用璧琮改玺，是十足的糟蹋浪费，历史上不可能有这样的情况。如果用璧琮改玺，那么这个璧琮一共可以改制成四枚玉玺，另外三枚呢？史书上和民间传说中从来没有这样的信息。

还有专家认为："璧可以是扁圆形的礼器，也可以是美玉的总称，如璧人、璧台等。"所以，和氏璧有可能是一类宝玉石的统称或代称……这是一种具有模糊性、代表性和有影响力的观点。笔者认为，把璧说成是美玉的统称，这样的观点从逻辑上就站不住脚。第一，美玉包括了各种各样的玉器、玉料，

和氏璧解谜

而璧只是某件玉器的特称或专称，是玉包括璧，而不是璧包括玉，所以古人不会把玉缩称为璧，也不会把璧泛称为玉；第二，种种史料表明，和氏璧仅有一块，不是"一类宝玉石的统称或代称"；第三，和氏璧先后是楚国、赵国和秦朝的国宝，对于国宝级器物的定名，古人是十分严谨的。今天，在珠宝鉴定或商贸活动中，我们不会把一件块状的玉件定名为玉镯，也不会把一枚翡翠戒面定名为翡翠观音。试问，当初楚文王及其宫廷琢玉高手们，会把一件不是璧的玉器命名为璧吗？赵、秦等国的君臣，会愚蠢到把琮、圭等其他器具误认为是璧的地步吗？

总之，和氏璧不可能是璧以外的其他玉器，璧不可能改成玺。这样一个简单的问题，还是蒙蔽了人们2000多年。究其缘由，主要是因为封建统治者施行了诈术和迷术，是因为大多数人们并不清楚或不十分清楚玉璧的结构尺寸特征，是因为中国的词句具有模糊性，而有人有意或无意地展开文字想象、玩弄文字游戏。本来很清楚的事物，一玩弄文字游戏、转换或扩充概念的内涵，就会使一些本来明白的人（但没见到实物），变得不明白了；使本来自信的人，变得怀疑起自己的常识和判断力了，而封建王朝的最高统治者及其身边的帮手，则是最善于玩弄障眼法和模糊游戏的高手。另外，人性中的轻信、人云亦云和以讹传讹的弱点，无疑帮助了假象的扩散和延续。

四、历代封建统治者散布历史迷雾的用心所在

秦始皇散布秦玺是由和氏璧改制的历史迷雾，其用心不外乎转移天下视线，将和氏璧据为己有；借和氏璧的巨大影响力和在人们心目中的美好形象，加重秦玺的分量，以推行秦政。

历代封建统治者极力宣扬获得传国玉玺是"皇权天授""天命难违""天命所归"的"祥瑞之兆"，以愚弄世人，麻痹人心，从而达到夺位篡权、坐稳江山的目的。在不少朝代都有假冒的玉玺出现，如宋、元、明、清就有仿制的传国玉玺问世。

播散历史迷雾的政治伎俩本来算不上高明，但谎言重复了千万遍后，就产生了蒙骗世人的效果，特别是不了解玉文化、不明真相，或处于社会底层人们，就更容易信以为真，受到欺骗。

五、国之重宝——玉玺

玉玺，自秦代始，皇帝的印章专用名称为"玺"，须用规定的玉质制作，故称为"玉玺"。

古代玉玺上多雕刻有"龙"的造型。龙是中华民族的图腾，是传说中的通天神兽。龙的角似鹿，头似驼，项似蛇，鳞似鱼，爪似鹰，掌似虎，耳似牛。雕龙玉玺、盘龙玉玺底座为正方形，象征皇帝脚踏四方、统御天下的威势。

龙的造型

1. 玺印的概念及历史沿革

玺印，《释名》解释为："玺，德也，封物使可转德而不可发也。印，信也。所以封物为信验也。亦言因也，封物相因付也。"先秦以前，玺、印同为一物。秦始皇时，只有皇帝的印才可称"玺"。官吏及一般人的称"印"。

印有官印和私印，作为官府书信往来和私人交往的凭证。

汉代印又称"章"和"印信"。

唐以后又将印称为"记"或"朱记"，明清又称"关防"。但通称仍为印。

古印有钮，可以系绶。印钮形式有覆斗钮、鼻钮、

陈之新鄙（战国）

龟钮、蛇钮、虎豹钮等。

印文有阳文和阴文。字体依时代变化。先秦时代是六国古文；秦汉至魏晋南北朝是篆字；隋唐以后多隶书、楷书。

2. 各个时期玺印概况

资料记载，玺印始于西周，从此相承，未曾间断。归纳起来，可分为几个时期。

①零散制作时期。虽然玺印始于西周，但传世的出土古玺印，制作于战国时代。印体有大小、方圆、一二三层之分，顶端作小鼻钮者最多，印文布局疏朗，错落有致。

②形制统一时期。秦汉晋魏时期，秦以后统一印制。皇帝专用玉质，称玺，其余用金、银、铜、石等为材料，称印。这段时间之印章有大小方圆等形式，印体日渐厚重，以鼻钮、龟钮居多。印文秦代刻阴文小篆，有界格。两汉魏晋的入印篆书方圆俱备，被作为典范，称为缪篆。

"琅邪相印章"银印，是银质印章的典型。此印银质，龟钮，方形，印

琅邪相印章
（东汉，印面2.2×2.6厘米，印台厚1.3厘米）

文为汉篆字体，白文，五字三竖行排列，右上起顺读"琅邪相印章"。印台较厚，龟钮覆圆甲，上施环级，龟首前伸，"相"字"目"旁上加一短竖划，为东汉时印文特点。此印为东汉时王国官印。东汉时琅邪国为刘京封国，此印即刘京一系琅邪国之物。现藏于故宫博物院。

此外，有鸟虫书及与其相

类之文字，印文外加装饰及有形印，皆为历史上所常见。

③ 发展变化时期。隋唐以后印体增大，鼻钮变成小长方形把手，直至增高成上小下宽之柱形柄。官印文字皆作阳文，由细笔微曲之唐篆变化为九叠篆，还有以西晋文、蒙文、满文和满汉篆书合文入印者，印边日渐增阔，布局日趋丰满，笔画与空白日趋均匀。清宫的二十五宝玺为乾隆十一年（1746 年）所完成，是专用于国事的传国宝，除一金一檀木外，其余皆为玉质，体积硕大，作各式龙钮，可以说前世所无。玺文有满文、满汉篆书合文，显得非常的庄重和珍贵。

④ 继往开来时期。明清私印以石料作为多见，如寿山石、青田石印章，也有少量牙角竹木之作。石料、牙角竹木取代了铜质印章。印文主要由书画家亲自提刀，或由治印家镌刻，他们皆以秦汉六朝古印为宗，创造出个人风格，清浙徽派诸家，晚清赵之谦、吴昌硕都是名声显赫的大家，他们不仅为中国玺印的历史写下了灿烂的篇章，还对东方邻国篆刻艺术的发展产生了良好的影响。

⑤ 全面发展时期。20 世纪 50 年代后，玺走下了神坛，成为了收藏品、欣赏品、拍卖品、历史事件纪念品和见证品，如 2008 年为举办北京奥运会而制作的"北京奥运徽宝"，为纪念北京奥运会而发行的"奥运宝玺"等。印则成为政府、各行各业商务行文必须具备的公共信物，成为普遍使用的个人信物。其形制更加多种多样，其材质有玉石、石料、有机宝石（象牙、玳瑁等）、贵金属（金银铜及合金）、木竹、陶器等；制作工艺有手工雕刻、机械雕刻、超声波及激光雕刻等。

3. 玉玺的功用及象征意义

紫禁城是明、清两朝皇帝居住的地方，在这里曾存放着各个历史时期的珍宝近百万件。在众多宝物中，最能代表皇帝权威和地位的就是宝玺。中国历代统治者都十分重视御宝的徵信作用，将其作为国家的象征物，皇帝治理

和氏璧解谜

天下的凭证。正如乾隆所说:"盖天子所重,以治宇宙,申经纶,莫重于国宝。"玉玺的功用及象征意义主要为:徵信作用;帝王身份的象征;国家政权的象征;治理天下的凭证。

历代帝王当遇到重要的国家大事,常常刻制宝玺作为纪念。

4. 宝、玺、印、章的区分

①宝。作为印、章专用时,解释为印信,符玺。

天子、诸侯以圭璧为符信。《诗·大雅·崧高》云:"锡尔介圭,以作尔宝。"秦以后,帝之印称玺,也有皇后之印称玺的。

至武则天时,因其厌恶"玺"音与"息"相同,将"玺"字改为"宝"字,当时天子有八宝:神宝、授命宝、皇帝行宝、皇帝之宝、皇帝信宝、天子行

皇后之玺玉印(陕西历史博物馆,高2厘米,
边长2.8厘米,重33克,西汉文物)

皇后之玺印文

宝、天子之宝、天子信宝。《新唐书·东服志》载:"至武后改诸玺皆为宝,中宗即位复为玺。开元六年,复为宝。"唐中宗时复称玺,唐玄宗时复称宝。

自宋、元、明、清各朝,则"玺""宝"并用。如乾隆时有玉宝25方,其中一件称玺,此时亲王的印章也称宝。

②玺。又作鉨(音xǐ),即帝王的印章。

走向鼎盛（黄龙玉）

康熙玺

乾隆玺

战国时期，不论官印、私印均不叫印，而称为"玺"或写作"鉨"。汉蔡邕《独断》云："玺者，印也；印者，信也。"

在秦以前尊卑通用，官、私印均可称"玺"，秦以后只有皇帝的印方可称"玺"；汉代沿袭秦制并略有放宽，如汉代皇帝有六玺：皇帝行玺、皇帝之玺、皇帝信玺、天子行玺、天子之玺、天子信玺。

此外，汉代诸侯王、皇后之印也可以称"玺"。

清代时皇帝的印章称宝，也称玺。

③印。现代主要指政府机关的图章、印信。

其字寓意："印，执政所持信也。"

在传世的印文中，最早的有战国时期的"上师之印"等。

《周礼·地官·掌节》"货贿用玺节。"注云："玺节者，今之印章也。"

秦统一中国后，为了提高中央专政地位，对印章也制定了一套制度。规定只有皇帝的印章才能称玺，一般官吏和老百姓的印章，只能称"印"。

《汉旧仪补遗》云："千石、六百石、四百石、铜印鼻钮，文曰'印'。"

133

隋、唐时，官、私印一般都称印。

自唐宋开始，除沿袭旧制一般称"印"之外，也有把印章称为"押"的（有人在印章上刻花押——画一个符号，使别人难以摹仿，以代替自己的姓名）。把印章称为"押"，盛行于元代，因为元代的印章上汉字掺杂以蒙文、符号等多样形式。

清段玉裁注云："凡有官守者皆曰执政，其所持之节信曰印。"

印的材质有金、银、铜、玉、石、瓦、木等。

印的形制有方、长方、圆、椭圆等。

④章。即"印章""图章"。

《汉旧仪补遗》云："丞相、大将军，黄印龟钮，文曰'章'。"

汉代沿袭秦制，当时除玺、印名称外，开始有"印章"二字。

印章就其作用看，有信印、闲章之分。闲章是指斋馆印、收藏印、肖形印、吉语印等。

印章在现代也被称为图章，原因是宋代就有人刻"某某图书"字样的印章，盖在自己所藏的图书上，以示所有。当这样的现象普遍时，人们就把普通的印章称为"图章"，这就是印章也被称为"图章"的原因。

翡翠印章

黄龙玉印章

5. 历史上著名的玺印

（1）"传国玉玺"。秦始皇常用玉玺六方，但在始皇帝的印玺中，有一方玉玺不在这六方之内，这就是"传国玉玺"。传国玉玺是秦始皇统一中国后，由玉工孙寿雕刻的，象征国家威严和权力的最为重要的一枚玉玺，其上刻有丞相李斯写的"受命于天，既寿永昌"八个鸟虫形篆字。

"传国玉玺"又称"传国玺"，是奉秦始皇之命而制作，为秦以后历代帝王相传之印玺，以作为"皇权神授、正统合法"之信物。历代帝王都以得到此玺为正统，所以奉若奇珍，视为国之重器。

（2）秦皇六玺。除"传国玉玺"外，秦始皇还有六方玉玺，秦皇六玺为"皇帝之玺""皇帝行玺""皇帝信玺""天子之玺""天子行玺""天子信玺"。

（3）"皇后之玺"。印面阴刻篆体"皇后之玺"四字，1968年陕西咸阳市韩家湾乡狼家沟出土。其发现地点距刘邦与吕后合葬墓长陵仅1000多米，很可能是吕后用印。该印边长2.8厘米，重33克。材质为和田白玉，螭虎钮，四侧刻云纹。按常规，只有帝印才称"玺"，"皇后之玺"说明了吕后身份的特殊性。

帝后直接使用的遗物发现很少，它是已发现的最重要的古代玺印之一。这枚"皇后之玺"玉印是汉代皇后玉玺的唯一实物资料，对研究秦汉帝后玺印有着十分重要的意义。

（4）"古稀天子之宝"玺。"古稀天子之宝"玺，长、宽、高分别为13.0厘米、12.9厘米、10.5厘米，这方乾隆玺印的印文，常见于故宫博物院所收藏的书画作品上。清内府所藏同类印文的玺印不只一方，此为其中之一。

古稀天子之宝

碧玉。乾隆四十五年，弘历七旬生日时，刻"古稀天子之宝"，并撰"古稀说"。十年后，弘历八旬生日时，又刻"八征耄念之宝"，撰"八征耄念之宝记"。此二方印宝皆为方形，双龙钮，钮左右两边均见龙首，身相连，两侧中心贯孔，有绦带穿过。造型庄严隆重，雕工精细。四面分别刻"古稀说""八征耄念之宝记"，同置一紫檀木匣内

135

和氏璧解谜

（5）乾隆御宝"天恩八旬之宝"。乾隆帝御宝交龙钮"天恩八旬之宝"和田青玉玺，是乾隆五十五年（1790年），为庆祝其80高寿而制作的。属典型的交龙钮风格，是乾隆帝最后一方御宝，也是中国历代帝王最大的玉玺。

乾隆青玉玺，天恩八旬之宝

中国历代帝王极少有人寿至八十（仅3人），大多都没有享受到五世同堂的天伦之乐。乾隆认为能够如此幸福，是上天佑护、上苍所赐。因此，特制作"天恩八旬之宝"申明此意。

该玉玺质地致密，通灵温润，体积硕大，印面达到12.7平方厘米，重达1.5千克，极具皇家雍容华贵之特色。

（6）清二十五宝玺印。清二十五宝为乾隆帝指定的代表国家政权的二十五方御用国宝的总称。现藏于故宫博物院。

乾隆以前，御宝通常未规定确切的数目。乾隆初年，被称为国家御宝的印玺，已达二十九种三十九方之多，且因有关文献的记载失实，用途不明，认识错误甚多，造成混乱状况。为此，乾隆十一年（1746年），乾隆帝对前代皇帝御宝重新考证排次，将其总数定为二十五方，并详细规定了各自的使用范围，这二十五方御宝分别为：大清受命之宝、皇帝奉天之宝、大清嗣天子宝、皇帝之宝（二方）、天子之宝、皇帝尊亲之宝、皇帝亲亲之宝、皇帝行宝、皇帝信宝、天子行宝、天子信宝、敬天勤民之宝、制诰之宝、敕命之宝、垂训之宝、命德之宝、钦文之宝、表章经史之宝、巡狩天下之宝、讨罪安民之宝、制驭六师之宝、敕正万邦之宝、敕正万民之宝、广运之宝。重新排定后的二十五宝各有所用，集合在一起，代表了皇帝行使国家最高权力的各个方面。

二十五宝平时密藏于紫禁城交泰殿的宝盝中，一宝一盝。宝盝为木质，制作精美。宝盝置木几上，外罩绣龙纹的黄缎罩，分列于御座左右。

二十五宝质地有金、玉、栴檀木，印钮有交龙、盘龙、蹲龙形制，雕制精美，也是具有重要历史价值的典章文物。

清二十五宝玺印

（7）康熙佩文斋御用十二宝玺。康熙帝的"佩文斋御用十二宝玺"套印，于康熙六十年五月刻成。十二宝玺原存于圆明园畅春园佩文斋内，佩文斋是康熙帝的书斋，"佩文斋御用十二宝玺"之名由此而来。

佩文斋的12枚宝玺，属康熙帝御用闲章，钤印其御制诗文、书画或历代书画，用途有别于诏书所用国宝。

十二宝玺印文反映了康熙的政治思想和道德观念，充分反映了康熙对儒家之道的尊崇。佩文斋御用宝玺是康熙帝文化活动中常用的重要信物。

根据《明清帝后宝玺》（郭福祥编著）归纳，御玺按玺文分为五类：年号玺，玺文刻有皇帝年号，如"康熙宸翰"即属年号玺；宫殿玺，玺文刻有宫室殿宇名称，如"畅春"与"佩文斋"二玺即属此类；鉴藏印，钤于图书及历代书画名迹上，作鉴赏及识别之用，属官式用玺，有别于皇帝钤于御制诗文书画上的闲章，但套宝玺中并无此例；嘉言及诗词玺，玺文为经史隽语、诗文佳句，取其吉利、典雅及自警之意，宝玺中的"戒之在得"及"稽古右文"同属此类；花押玺，玺文刻有花押式样。

康熙十二宝玺

康熙十二宝玺 玺文

诸玺印材质优良，堪称上品。诸玺的印钮形象生动，雕刻精美，印文均衡、自然且富于变化，其篆刻风格体现了康熙时代的艺术印章的典型面貌，在存世的清代诸帝艺文印玺中非常难得。

（8）"北京奥运徽宝"。即刻有2008年奥运会会徽的印玺。

（9）"奥运宝玺"。奥运宝玺以"北京奥运徽宝"为蓝本，以故宫珍藏的"清朝二十五宝"中的乾隆"皇帝之宝"为设计理念，取青玉为材质，印玺正面是北京奥运会会徽的标志，背面是"同一个世界，同一个梦想"的北京奥运会主题口号，印面正中刻有北京奥运会会徽标志，玉玺宝盏用顶级红酸枝木打造，仿皇宫玉玺宝盏式样复制而成，奥运之玺绶带为天然名贵红玛瑙与绶带串联，表达了奥林匹克精神：团结、友谊、进步、和谐、参与和梦想。

六、制作秦玺——传国玉玺的材料

蓝田玉

秦玺——传国玉玺是用什么材料制成？历史上的记载或说法有二：一是"以蓝田玉刻之"，另一是"磨和璧作之"。"磨和璧作之"是不可能的事，而"以蓝田玉刻之"，则在可能之列。

蓝田玉是我国古代的名玉，因产地而得名。《汉书·地理志》《太平御览》等书籍记载，蓝田出美玉。但经考证，古代的蓝田玉矿早已被采空，今天人们所说的蓝田玉是 20 世纪 80 年代初，由地矿部门在陕西省蓝田县玉川、红星一代发现的新的蓝田玉。

蓝田玉矿体生成于太古代片岩、片麻岩中，呈夹层状出现，矿体常为三层。玉石常为黄色、米黄色和苹果绿色。蓝田玉是一种蛇纹石化大理岩，矿物成分主要为方解石、蛇纹石等。上等的蓝田玉质地细腻、润泽，加工性能良好，是做玉器首饰和玉器用具的常用材料。

和氏璧解谜

第十章 和氏璧归落何处

一、推理依据

秦始皇画像

自秦始皇统一六国以后，和氏璧神奇地变成了"皇家玉玺"，以后又成为了"传国玉玺"。这样的观点盛传不衰，到现在还有不少的人持相信态度。通过前面的分析，笔者认为，和氏璧与"受命于天，既寿永昌"的秦玺完全是两码事。秦朝传出"和氏璧被改制成玉玺"的说法，恰恰表明了秦始皇为永远保护、保存好和氏璧而播放迷雾，隐真示假、"声东藏西"，转移天下视线的用意。和氏璧被改制成秦玺的消息被张扬（或神秘散布）之时，便是和氏璧被秘密保存、深深隐藏之日。

和氏璧可能会在什么地方呢？璧有着众多的功能，但主要是作为礼器、葬器使用，并可象征富有和地位。正如秦相李斯在其《谏逐客书》中，就用"今陛下致昆山之玉，有随和之宝"，来表示秦国的殷富。在当时，秦始皇

140

绝不可能把和氏璧用作国与国交往的礼物（其他"国"已经消亡了，天下唯大秦是国）。嬴政高傲、孤僻，目空一切，他自豪的是扫平六国，一统天下；他关注的是统一思想、统一文字、统一度量衡，是修筑万里长城，熔铸九州生铁——以加强专制统治，巩固国家政权；他喜欢做的是昭示自己的伟绩丰功，如到泰山封禅、巡游天下一类活动；他关心的是长生不老，在世享尽繁华，死后更加尊荣。所以他寻求仙方妙药，不惜代价地建造自己的陵墓，并计划建造有史以来最为宏伟的宫殿——阿房宫。和氏璧对他来说，至少有以下特殊价值和作用：作为扫平六国的标志性战利品欣赏、把玩；作为绝世奇珍、镇国之宝收藏；作为泰山封禅，举行祭天大典的重要礼器；"百年之后"作为葬器，永远陪伴于身旁。

以嬴政的性格特征，思想、思维方式和要永远占有天下最大、最多、最好、最美和最珍贵的东西的强烈欲望，我们有理由推测，和氏璧极有可能在秦始皇陵内，而且距离秦始皇不远，因为嬴政在世时会有这样的愿望，赵高一类奸臣为讨好取宠，会极力地提出这样的安排；若是，李斯等重臣也肯定会附和，赞同这样的处理；秦始皇死后，胡亥为表示对父皇的忠心，稳住局势和朝中众臣，也完全可能将和氏璧一类稀世珍宝作为陪葬品。

如果和氏璧没有陪葬秦陵，对于和氏璧的情况，还有一种设想：和氏璧已经毁于火烧咸阳宫的战火或兵乱。

秦佣

薄薄的玉璧遇冲击则破碎，也经不起长时间的高温。咸阳宫的大火会使玉石俱焚，使珠宝面目全非！

秦咸阳宫复绘图

如果秦陵中没有和氏璧，那么它在这个世界上早已经不存在了。即使它身上的某一块、某一碎片仍然在世，虽说物质不灭，但那已不是具有当年风采的瑰宝。

和氏璧失踪已经两千多年了，放弃对和氏璧实物的探寻才是理智的选择——因为和氏璧已经成为中国玉文化中最为珍贵的元素，成为中国玉器的灵魂；维护其在中国人心中的美好形象和至尊地位，比获得实物更有意义；还因为真正的和氏璧完全可能远远不及文献记载、传说及人们想象中那样瑰丽、那样奇妙和迷人。比起现代人所见到的各种各样的珠宝饰品，比起用现代科技、现代工艺大师所创造、加工出的千姿百态、美轮美奂的奇珍异宝来，一些古代的文物、宝物，常常显得平常和质朴。所以，在已经把和氏璧理想化、神品化的今天，我们宁可只要和氏璧的完美灵魂，而不必去探求其物质形态，也许这才是对历史、文化以及美好事物真正负责任的态度。

蟠纹出廓璧（河北定县刘畅墓出土，东汉）

通过对历史事实、历史材料、历史事件和历史人物等因素的综合分析研究，笔者郑重做出推论和结论，并提出建议。

二、推论

①和氏璧极可能陪葬于秦陵之中；若在秦陵之中，则就在秦始皇身旁。

②若和氏璧没有陪葬秦陵，则它早已毁于战火、战乱之中，在这个世界上它已经不复存在。

三、结论

①和氏璧不可能改制成秦玺，即后来人们所说的"传国玉玺"。

②秦统一中国后，和氏璧就从已世人的视线中消失，被深藏于最安全、最秘密的地方。

③自秦朝以来，围绕着秦玺——"传国玉玺"的一切记载、纷争和传说，实际上均与和氏璧无关。

四、建议

①在湖北省荆山抱璞岩，传说中的卞和得玉处，不妨根据历史记载和传说，设计、建造抱璞台公园，开辟文化旅游景点和旅游专线，弘扬中华玉文化，发展地方经济。

②鉴于云南省腾冲县人民对"玉圣"卞和的无比尊敬和一派景仰之情，建议重修腾冲城南来凤山上的卞和庙宇——白玉祖师殿，在弘扬中国玉文化的同时，以推动云南省腾冲县翡翠珠宝业的兴旺和发展。

③进一步加强对秦始皇陵的保护和研究工作，加强相关法律法规的完善（我国现行刑法对于盗墓行为虽然有惩处条文，最高可处死刑，但仍需从精神层面、文物层面和经济价值方面予以综合考虑并加以严格、细化），注重法律法规的落实效果，坚决打击任何程度的盗墓行为。要坚决杜绝任何可能对秦始皇陵造成不良影响的平整土地、积肥、截水灌溉等活动；要严格控制

秦陵地区的建设项目，防止对这一地区的文物遗址造成破坏。

④ 对开发秦陵这样一项非常复杂、浩大而异常敏感的特殊工程，应持万分慎重的科学态度。在没有充足的理由和充分的把握下，不能够考虑对秦始皇陵的开发。如果将来有一天开发秦陵，可格外关注、认真鉴别陵墓中的玉璧或扁（薄）圆状的玉件。

通常，璧作为陪葬品是没有包装物的，如果和氏璧陪葬秦陵，它可能会有很好的包装，但经历了两千多年的地下埋藏，其外包装可能已经腐朽（除非璧的外包装是金玉一类装饰盒）。在和氏璧上，有可能没有特殊的标识，如果我们思想准备不足，届时有可能难以认出和氏璧。

和氏璧制成于楚国，在风格、形制、饰纹等方面，应该具有浓郁的古代楚文化风韵，这可能成为我们识别和氏璧重要的根据。因此，将来我们应从楚文化入手，来寻找、识别和氏璧。

楚文化纹饰

⑤ 应加强对出版物的审核把关工作，在专业性强、涉及面广、具有教育意义的书籍中，对和氏璧归落的解释应持审慎、负责任的态度，不应该再宣传和张扬和氏璧被秦始皇改制成了传国玉玺一类历史讹传。

中华源远流长的玉文化具有不朽的生命力。尽管我们还没有最后证实和氏璧去向何方，也无论它由何种材料制成，它的玉质如何，形制怎样……这些已经根本不再重要。重要的是，和氏璧已经在国人心底长驻。我们坚信，和氏璧仍将在今后历代国人的心中永存。在世人的心目中，它永远是一块无与伦比、珍贵无瑕的美玉；我们也相信，诸如"荆山抱璞""卞和献玉""价值连城"和"完璧归赵"这些可歌可泣的故事，还将会世世代代在我们民族文化的血脉中流传下去。

需要指出的是，中国历史上的统治者，为了达到一己私欲和政治目的，而编造和氏璧被制成了秦玺（传国玉玺）的历史谎言；历代封建统治阶级为了标榜皇帝"授命于天"，既尊且贵，而把和氏璧卷入"传国玉玺"的历史迷雾之中；我们不愿意再看到历史学家、教育专家、宝石学家和令人尊敬的作家再大书特书，大谈特谈"和氏璧被制成了传国玉玺"一类错误观点。

日升月恒，宝玉生辉；雄关漫道，金瓯玉圆。一个正在走向振兴的民族，有正确看待历史的思维，有看穿历史迷雾的眼光，有求真求实的品格。正确地看待过去，就能够更好地走向未来。

和氏璧属于中华民族，卞和精神在世人心中长存！

后 记

在《和氏璧解谜》与读者见面之际，我想谈一谈，为什么要写这本书。

在读初中的时候，因为一个名字中带"璧"字的同学，促使我了解到玉璧的知识。后来，读到"荆山抱璞""价值连城""完璧归赵"等故事，使我对卞和、蔺相如等人充满崇敬。再后来，我读了一些关于中国历史与人文的书籍，了解到了和氏璧、传国玉玺等知识，并在心中产生了疑惑：和氏璧怎么变成了传国玉玺？

20年前，因工作调动，我进入了珠宝玉石行业从事珠宝检验工作，并正式开始了对玉文化的研究。当时，中国珠宝界有一本广受好评的杂志——《珠宝科技》，这本刊物使我受益匪浅。记得《珠宝科技》曾刊登了数篇探讨和氏璧与传国玉玺的文章，虽然这些文章主要是从宝石学的角度，探讨、推测和氏璧的材料是何种宝玉石，但这些观点唤醒了我在少年时期就埋下的疑惑。我带着兴趣和问题，学习了周南泉、杨伯达、邓淑萍（台湾）、栾秉璈、钟华邦、李海负、姚士奇、马崇仁、郝用威、王春云、霍有光等大师或专家关于璧、玺、中国玉文化和历史等有关问题的论述、观点，查阅了大量的历史文献和资料。在学习、考察、分析、推理等研究活动的基础上，我坚定了自己的观点：和氏璧不可能改制成传国玉玺。

虽然璧不能改为玺的道理很简单，但和氏璧被改制成了传国玉玺的传说，怀疑者有之，深信者有之，津津乐道者有之，听之信之者更是大有人在。真正促使我下决心写此书的缘由是，社会已经进入了21世纪，某些历史学家、考古学家、教育家和著名的宝玉石学者，仍在一些书籍书刊中宣扬和氏璧改制成传国玺的谬误观点。这使我感到沉重。

中华民族富有想象力和创造精神，我们的传统文化博大精深，具有强大的力量，令人自豪。然而，在改革开放前的近几百年的时间内，中华民族的落后状况极其明显和严重，这除了政治、制度等方面的因素外，除了闭关自守的行为方式和夜郎自大的思想意识外，还应该对传统的价值观念、思维方式做出反思。

在文化思维倾向方面，我们热衷于关注热闹和趣味，而较少地去辨析是否真实、客观和科学。即便是到了现代，一些人士还是只满足于不求甚解、似是而非的概念，少有逻辑思维，少有探索求真、推理求准的思维习惯；也有一些人，在某些问题上理性思考不足，常满足于道听途说，对历史流言模糊轻信，津津乐道，甚至以讹传讹。

与优秀的现代思维相比较，我们的逻辑思维和推理习惯亟须加强。现代文明辨别事物的方法是："一理之明，一法之立，必验之物物事事皆然，而后定之为不易"，这样的科学精神和思维方法，这样的冷静和审慎的态度，即便是在中国走向现代化的今天，仍然值得我们不断学习。

玉器是中国的国粹，中国人爱玉、敬玉、藏玉的习惯源远流长。玉文化对华夏文明的发展有着巨大的影响，可以说，玉文化从一个方面贯穿和见证了中华文明的历史。和氏璧是中国玉器和玉文化的一个特例，是国人关注玉器、关注玉文化的一个焦点。解谜和氏璧，对我们认识了解中国玉器、玉璧发展的历史，了解玉文化、玉礼器的基本内容，很有必要；对玉文化的研究、普及和传承，具有现实意义；通过认清历史上的事物、事件真相，进一步倡导和树立求真求是的科学思维方式和方法，应该是一件有意义的事。

一个民族只有发现并克服思维方式的缺陷，告别文化中存在的不足，才能改变落后，才能更好地走向未来。关于和氏璧，各种历史文献浩如烟海，民间传说更是林林总总。我觉得，好的书籍是历史的镜子，书中无声地叙述着社会的文明进程。但是，那些不负责地记载传闻、野史等内容的书籍，是掩隐历史和事物真况的迷雾，其中有太多的想象、扭曲、编造甚至谎言。这些历史岁月中的糟粕和毒素，是烂泥和流沙，是迷雾和阴霾。它们对人的思想只会产生一种误导、蒙骗、麻痹的作用。

在综合运用中国玉文化知识、应用宝玉石学、考虑民俗民风的沿革、重点分析与和氏璧相关的重大历史事件等因素以解谜和氏璧的过程中，我在书里介绍了历史悠久的中国礼玉文化，介绍了玉璧的类型、璧的功用和寓意、形制演变、与璧有关联的古代玉器及近代玉器；推理分析了和氏璧玉料的材质、产地及归落何处，阐述了对和氏璧价值评估的观点，介绍了玉玺的相关知识。经过论证和逻辑推理，得出了传国玉玺不是由和氏璧改制而成的结论。

对珠宝文化奥秘的探索，对玉璧，尤其是对和氏璧历史事件和史料的辨析，我走过了一段十分艰辛的路程。行路难，难处有谁知？困难之时，民族先贤们那种不畏艰难、带着使命感去完成任务的精神鼓励着我，让我坚持探索而拒绝放弃。过程虽然非常艰辛，但时代的感召、心中的信念支撑着我一路前行至今。

文化是一个民族生存的精神养分，是社会文明的重要体现。在历史长河中，常常泥沙俱下，精华和糟粕共流共存、真实和虚假相间相伴，这就需要慎思明辨，去伪存真。如果本书能够引起读者的关注和兴趣，那是中国玉文化、和氏璧的魅力所致；如果我的推理和认识能够说明问题、消除疑惑、有参考的价值，那我将感到欣慰。在编著本书过程中，得到了众多师长、领导和朋友的帮助，在此表示衷心的感谢！因本人的学识和所掌握的史料有限，书中的不足和错误在所难免，敬请读者不吝赐教。

2018 年 9 月于昆明

参考文献

1.《韩非子·和氏》（韩非）

2.《史记·廉颇蔺相如列传》《史记·秦始皇本纪》《史记·李斯列传》《史记·赵高列传》（司马迁）

3.《中国新石器文化各类玉器分布图》（《台北故宫学术季刊》，第8卷第4期）

4.《中国古玉文化》（臧振，潘守永，中国书店，2001年）

5.《系统宝石学》（张蓓莉等主编，2006年5月）

6.《天工开物》（宋应星）

7.《和氏璧三谜》（钟华邦，《珠宝科技》，1995年4期）

8.《"传国玺"之谜》（钟华邦，《珠宝科技》，2000年2期）

9.《红山文化》（于明，中国档案出版社，2002年）

10.《和氏璧是拉长石吗？》（李海负，《珠宝科技》，1994年）

11.《左传·僖公六年》《左传·僖公七年》

12.《尚书·金滕》

13.《中国玉文化》（姚士奇著，凤凰出版社，2007年4月）

14.《中华宝玺探秘》（杜奎生著，百花文艺出版社，2004年1月）

15.《当年大火未烧阿房宫》（新华网西安，2003年12月5日电，记者冯国报道）

16.《中国度量衡史》（吴承洛著，商务印书馆，1998年4月）

17.《论中国古代的圭》（周南泉，《故宫博物院院刊》，1992年第3期）

18.《圭璧考》（邓淑萍，《台北故宫季刊》，1977年，第11卷第3期）

19.《和氏璧改琢传国玉玺质疑》（霍有光，《宝玉石信息》，1989年8月25日）

和氏璧解谜

20.《秦代传国玉玺揭谜》（土春云，《珠宝科技》，2003 年第 5 期）

21.《和氏璧始末——和氏璧探源之一》（郝用威，宝玉石信息，1989 年 7 月 25 日）

22.《说玉》（桑行之，上海科技教育出版社，1994 年）

23.《论中国古代玉器艺术》（杨伯达，故宫博物院院刊，1995 年）

24.《中国古代玉器断代与辨伪：玉礼器》（周南泉，蓝天出版社，2009 年 6 月）

25.《宝、玺、章、印的区分》（盛世收藏网）

26.《珠宝千问》（田树谷，中国大地出版社，2004 年 3 月）

27.《我爱收藏·古玉知识三十讲》（何建波，李海编著，荣宝斋出版社，2006 年 3 月）

28.《古玉艺术鉴赏》（丁淑钧编著，上海科技教育出版社，2004 年 4 月）

29.《和氏璧不可能制成传国玉玺》（戴铸明，2001 年）

30.《中国古玉器图鉴·汉代玉器》（余继明编著，浙江大学出版社 2001 年 5 月）

31.《中国玉器收藏鉴赏》（华玉武，上海古籍出版社，2010 年 6 月）